# La Casona Blanca

### Historias de:
### Noemí Hernández López
### *Maripoza Monarka*
### *José Agustín Pérez*
### *Guillen pablo*

*Edición y adaptación a novela por*
**Mto. Guillermo Beltrán Villanueva**
*Bajo el*
*Proyecto Editorial Sin Límites.*
*Asumo A. C.*
*Tijuana, Baja California, México.*

# La Casona Blanca

ISBN: ISBN: 9798485018122
Sello: Independently published
A partir de las historias de los coautores:
Edición y adaptación a novela a cargo del
Maestro en Creación y Apreciación Literaria,
Guillermo Beltrán Villanueva,
Cédula Profesional 5185318 MX.
Editor. Member ID  590629 USA.
Kindle es una filial de Amazon USA.
Auspiciado por Asumo A. C.
Primera Edición, diciembre de 2021.
Publicado en Estados Unidos.
Editado y adaptado a novela en
Tijuana, Baja California, México.
Bajo el Proyecto Editorial Sin Límites.

# La Casona Blanca

## Presentación

### Noemí Hernández López.

Dentro de las paredes de cualquier casa, siempre se tejen historias, la mayoría de las veces quedan atrapadas y ocultas dentro de ellas.

*La Casona Blanca* no es la excepción. Aunque la historia está basada y se desarrolla dentro del mencionado aposento, si he de ser sincera, me constan los sucesos que se dieron fuera de la casona; lo íntimo, lo escondido lo que se desarrolló bajo su techo a puerta cerrada lo saqué de mi ligera imaginación y al final y para mi sorpresa todo ensambló como en un rompecabezas.

Además, la rica y bien nutrida aportación en interesantes segmentos de mi gran amigo Guillén Pablo fueron cayendo en esta narrativa como piezas claves para llegar al clímax y luego a un final. Un final, quizá para muchos, muy comercial. A la vista de quiénes vimos abrirse un espantoso abismo cuyas fauces amenazaban a la familia Priego Balsero, lo percibimos como un final esperanzador y posiblemente feliz.

Sin embargo, la última palabra la tienes tú, amable lector. Inclusive la sana alternativa de darle tú mismo el final que sea el más justo a tu parecer.

De la historia aquí presentada, me quedo con Jimena, para vivir y morir en tus manos querido lector sabiendo que de fondo está la ley inexorable de cosechar lo sembrado.

Espero que *La Casona Blanca*, te atrape desde el inicio hasta su última página, así como yo fui cautiva por décadas de su enigmática presencia.

## Palabras preliminares

### Enedina Hernández López

Es para mí un honor plasmar esta breve aportación en la novela *"La Casona Blanca"*, historia escrita por la Sra. Noemí Hernández de Valdivia, ampliada por el Sr. José Agustín Pérez y adaptada a novela por el editor, Maestro Guillermo Beltrán Villanueva. Mi agradecimiento especial a la Sra. Noemí por su amable invitación.

Felicito efusivamente a los autores por la producción de esta novela, la cual considero ha sido un gran reto a lograr; pues a mi parecer, creo que no es tarea fácil la conjugación de pensamiento y de estilo literario; afortunadamente y gracias al talento y la sensibilidad de los autores se llega a la consecución de esta gran novela de cuyas páginas se desprende una gran enseñanza de vida, y como lector agradezco su coincidencia porque se ha enmarcado en el éxito la conclusión de esta bella novela "LA CASONA BLANCA" denotando su enorme talento de poetas y escritores y me felicito por poder disfrutar de su lectura y también te felicito a ti amable lector, por tener esta novela en tus manos.

Al sumergirme en sus páginas, los recuerdos se agolparon en mi mente de aquélla mi casa, una casa escalonada de ladrillo, rodeada de jardines y de árboles, en donde pasé mi infancia y juventud con mis amados padres y nueve hermanos, en cuyo seno se vivieron inmensas alegrías, inolvidables momentos de dicha y paz, también dolorosas tragedias y lamentables pérdidas y que hoy puedo ver con serenidad y aprendizaje que en medio de todo siempre prevaleció la fe, que nos dio la fortaleza para continuar por la vida con valor para seguir haciéndole frente a la vida con la esperanza de un nuevo día.

La casona de la familia Priego Balsero, es como cualquier casa, cuyas paredes encierran secretos, pasiones, también pleitos y divisiones; como en toda familia donde los padres se esfuerzan por cumplir su rol, por suplir las necesidades de la familia y que por encontrarse inmersos en esos afanes de la vida van dejando de lado lo importante por lo urgente, sobre todo cuando se trata de guiar y enseñar a los hijos en el camino de la vida y es que no solamente se trata de inculcarles principios y valores, sino mantenernos vigilantes de su desarrollo y pendientes de sus actividades, porque cuando los problemas nos alcanzan entonces vienen los lamentos, los "hubieras", así como esa frase desgarradora de esta madre ángeles:

"¡Necesito estar ahí, saber en qué momento se me escaparon mis hijas de las manos!".

Encuentro en esta bella e inspiradora novela, una lección de vida, y es que siempre se debe tener esperanza por muy grande que sea la adversidad, en la noche habrá llanto, en la mañana vendrá la alegría; y esa esperanza junto con el Amor, nos darán fortaleza para seguir enfrentando la vida con entereza; sin que falte la Fe porque la Fe produce Esperanza.

Amable lector, te invito a disfrutar de esta bella historia, estoy segura de que al igual que yo, encontrarás un mensaje para tu corazón.

# Introducción

*José Agustín Pérez*
*Pablo Guillén*

La casona blanca es el nombre de la más reciente producción literaria hecha realidad en coautoría con la escritora Noemí Hernández López (Maripoza Monarka), quien me ha compartido la historia y los sucesos principales del texto. Al leerla le agregué y desarrollé los personajes con sentido humano, hombres, mujeres y jóvenes que les tocó vivir una época difícil en un pueblo fronterizo. Se convirtieron en un reto personal enriquecer los personajes: Gerónimo Priego y María de los Ángeles Balsero, sus nueve hijos Caleb, Joel, Eliseo, Alba, Aurora, Nuria, Jimena, Justo y Lemuel. Todos ellos llamaron mi atención para desdoblar las personalidades de Gerónimo y Ángeles en diversos aspectos e inquietudes diluyendo en ellos, el verdadero alter ego de ambos protagonistas.

En cuanto a la trama que presenta Noemí en la historia que nos relata y que es la base para mi participación en la coautoría fue desarrollar y dar énfasis en la trama de la novela a los personajes: Nuria, Jimena y Joel, así como los antecedentes de los progenitores.

Puede parecer al principio de la historia la reseña de una familia típica, sin embargo, no pasa mucho tiempo cuando los protagonistas van dando a conocer sus habilidades intelectuales y de razonamiento conductual en el ambiente de inequidad en que se desenvuelven en especial dos hermanas; Nuria y Jimena, antagónicas y protagónicas las que dan la pauta al proceso de la narrativa, lo que motiva al resto de los hermanos y los progenitores sean simple espectadores menores. Se nota en las actitudes y conductas como las creencias religiosas anquilosadas que arrastran de generación en generación chocan con la actitud de la juventud actual: rebelde, desafiante, atrevida, impulsiva, enemiga de los convencionalismos sociales. Dicha situación da pie los padres sean defensores del "status quo", lo que provoca el inmovilismo, la contemplación a causa de la autoridad eclesiástica y el modelo socioeconómico imperante en el país durante décadas atrás.

Desde esta óptica el choque generacional es eminente, difícil de parar, las desviaciones morales afloran en cualquier estrato social igual las religiosas. En el caso que nos ocupa, podemos leer la competición filial por quien es superior, quien se lleva el mejor trofeo, quien se lleva a casa la hoja del olvido, el individualismo está presente en cualquier acto personal, el que se enamoren de un sinvergüenza, de un pervertidor de menores, especialmente de adolescentes femeninas, ejemplo de Jimena de quince años, acosada de forma sublime del personaje llamado Alberto, lo mismo da quien cae en sus garras, Jimena o Nuria de 19, lo que desemboca en la rivalidad mortal de las hermanas, además de ser una la víctima y la otra la victimaria, también lo son Gerónimo fallecido de un ataque al corazón y Ángeles refugiándose por el dolor y la culpabilidad de no ser la madre que se propuso, de una católica practicante a la de otra confesión cristiana.

*La Casona Blanca*, está situado en una población urbana rodeada de una variedad de sembradíos, hortalizas y huertos en el Estado de Sonora, podría pensar, la lectura es una historia bucólica, un melodrama, una tragedia muy a la mexicana, una farsa o, quizás, tenga visos de novela policiaca o negra. Los personajes sólo nos enseñan la cubierta de su conducta, la parte buena de sus caras, más en sus acciones y protagonismo se guían por la negrura de sus almas, esto último, tal vez sea la mejor manera de ubicarlos en la mesa de discusión en el mosaico social.

La *Casona Blanca* nos presentaba dos disyuntivas, ser la protagonista o el espacio donde se desarrollaron la trama y los acontecimientos relevantes y aunque el título de la trama se refiere a la casa y creo que tiene un rol más importante, en la historia original se minimizó por razones no explicadas.

Usted estimado lector, quizás en este momento apenas abre la primer página, o tal vez esté leyendo esta historia típica de una familia de clase media.

Quiero hacer énfasis en la tarea del editor quien se convirtió de alguna manera en coautor a llevar la historia a la estructura, dinámica, lenguaje, y cierre de la historia cerrando las lagunas que presentaba la historia original. Además de navegar con nosotros para que enriqueciéramos los elementos de la historia y convertirla en una novela premoderna dando verosimilitud a algunas inconsistencias en la trama y tema de la historia. Me atrevo a sugerir que formamos un equipo autoral con mucho entusiasmo que Noemí supo despertar con una buena historia para aportar adaptaciones, narrativa y lenguaje que enriquecieran dicho proyecto.

Les invito a leer la Casona blanca para que saquen sus propias conclusiones.

Suyo

Prof. José Agustín Pérez

# La Casona Blanca

# LA CASONA BLANCA

La tarde caía sobre la casona blanca de ventanas de madera. El largo porche tenía un extraño silencio. No hacía tanto tiempo que la algarabía y gritos de adolescentes y niños la tenían convertida en un campo de juegos y alegatos... Ahora su quietud podía palparse. ya en el jardín se veía la señora regia y un tanto adusta que era la ama de casa y madre de nueve hijos, regando y acariciando las flores, ocasionalmente silbaba o cantaba melodías con una voz muy dulce; que si no fuera por eso se podría asegurar que siempre estaba enojada.

sus hijos mayores tres hombres: Caleb, Joel y Eliseo y dos mujeres Alba y Aurora habían decidido hacer sus estudios superiores en la Capital, mientras en casa quedaban Nuria, Jimena, Justo y Lemuel. Nunca quiso poner a ninguno de sus hijos el nombre de su esposo Jerónimo. y siempre que su hijo mayor le reclamaba por qué le llamó Caleb y no como su padre, salía regañado y su madre terminaba diciéndole:

*"—Por eso no te puse el nombre de tu padre, para regañarte a gusto, bien me vería yo tirando al aire y a lo loco el nombre de su padre".*

Con la partida de los jóvenes a la capital, los cuatro menores se sentían más desahogados, pues, aunque vivían medianamente bien y sin carecer de lo elemental, ahora podían tener cada uno su cuarto y su cama, al menos mientras ellos no vinieran de vacaciones.

Los Priego Balsero, eran de las mejores familias del lugar y no exactamente por su posición económica, más bien por la buena reputación que Jerónimo Priego y su esposa Ángeles Balsero se habían ganado a pulso.

Era Jerónimo un hombre de trabajo y buena presencia. y ella una dama guapísima, con mucho porte, muy callada, muy servicial. Cuando Los Priego Balsero llegaron al pueblo, traían 5

11

hijos y uno en camino, ya establecidos primero en una pequeña casa de la avenida principal que rentaron durante dos años, en los cuales Jerónimo se dedicó a comprar verdura y fruta de la temporada para venderla en uno de los cuartos de su casa, mientras como podían se las ingeniaban para vivir en los dos cuartos restantes. pronto consiguió el hombre unas tierritas que por medio del ejido logró su concesión y después el mismo producía mucha de la verdura y fruta que comerciaba. pronto se hizo de su casa propia, de la casona blanca con altas banquetas que siempre había producido en él y su amada una atracción y un anhelo por saber cómo era por dentro. Cuando la vio en venta, fue a visitar al único banquero que había en *Rio de la piedra*, negociación que se consolidó en menos de lo que él se hubiera imaginado. Cuando llegó con Ángeles, ella inmediatamente le preguntó

—*¿Jerónimo, casi puedo asegurar que te vienes riendo con los ojos, que te pasa?*

—*Ángel mío, no preguntes y acompáñame.*

al tiempo que le decía esto empezó a gritarle a sus hijos y no necesitó rogarles para que se treparan a la troca verde en la que repartía su mercancía, mientras que él su esposa con casi seis meses de embarazo y una bebé de un año se acomodaban en la cabina. Era un verdadero alboroto; en ya casi dos años que tenían, Jerónimo nunca se había dado tiempo de paseos, su vida era rutinaria, pues había hecho de su trabajo y su hogar casi una religión. así que sus paseos diarios eran de su casa al trabajo y del trabajo a su casa. En minutos estaba estacionado frente a la casona blanca. Ángeles lo miro extrañada.

—*No entiendo amor, ¿qué es lo que hacemos aquí?*

El con un gesto medio estudiado le contestó:

—*Ángel mío, desde que llegamos a Río de Piedra, cada vez que pasamos por aquí, suspiras por saber cómo es esta casa. Y ¿qué crees? ¡Hoy lo sabrás, vamos!*

Ángela no entendía que pasaba, de pronto supuso que su esposo se había hecho amigo de los dueños para poder cumplir su deseo de conocer aquel inmueble. sea como sea ese día conocería la casa de sus sueños, y si se hacía buena amiga, si caía bien a la dueña volvería y tomaría el café en aquel largo porche con altas banquetas.

Ángela se quedó de una pieza, cuando vio a Jerónimo decidido, introduciendo una llave y abriendo aquella alta puerta y entrar sin tocar. así que se apresuró y antes de entrar Ángela, le exigió a su marido le diera explicación de lo que pasaba.

Él no paraba de reír. luego llamó a sus hijos y abriendo sus brazos en un intento de abarcarla a ella con todos sus hijos le dijo:

—*Ángel mío, esta es tu casa, el techo de nuestros hijos... ¡Nuestro nuevo hogar!* —dijo lanzando un hondo suspiro y cubriendo de besos la cara de su ángel.

Así fueron los comienzos de aquella familia, dónde los amorosos padres sabían dar todo para proporcionar a sus hijos lo mejor, y donde los hijos, tal vez con un menor esfuerzo, trataron de conservar aquella buena fama que Jerónimo y Ángeles les estaban legando.

Todos habían correspondido con excelentes notas y sendos títulos universitarios. Caleb y Eliseo titulados en medicina y especializados uno en ginecología y el otro en pediatría, Joel se decidió por el magisterio como profesor de secundaria. Alba y Aurora se preparaban para su cuarto semestre de enfermería. No eran gemelas, se llevaban con diez meses, así que Ángeles decidió que hicieran juntas su educación primaria y así seguían ya cursando sus estudios superiores.

Nuria y Jimena nunca lograron llevarse bien, siempre competían por todo y el carácter de ambas nunca fue mutuamente compatible y siempre en medio de ambas Justo y Lemuel tomando partido.

ya habían dejado atrás la niñez, Nuria estaba por cumplir 18, Justo tenía los 17 Jimena 15 y Lemuel casi 14. Todos parecían empeñados en seguir el ejemplo de sus hermanos. mayores. buscaban empleos de medio tiempo para ayudarse en su educación.

Jerónimo y Ángeles se sentían satisfechos. podían respirar aliviados. se veía que Justo y Lemuel Les gustaba el comercio y muchas veces participaban en el establecimiento de su padre y participaban activamente en las siembras de temporal con él. Ni se percataron que su pequeña Jimena empezaba a bajar la guardia respecto al estudio.

Un día llegó corriendo con Nuria y le dijo:

—*Deja un momento de estudiar y entérate..., ¡tenemos vecinos nuevos!*

Nuria se le quedó viendo y con una sonrisa de enfado contestó:

—*¿Hasta hoy te das cuenta? son los terceros en este año; no duran, ha de ser una casa muy fea por dentro.*

—*Te aseguro que vale la pena que vengas a ver.... hay un muchacho que me dejó boquiabierta, guaupérrimo, ¡ven!*

Nuria con cierto enfado se levantó y se acercó a la ventana donde ya Jimena atisbaba hacia la casa de los nuevos vecinos.

—*Mira, Nully, ese de camisola rosa y pelo ondulado, está bien guapo el canijo.*

—*¡Jimena! ¡por favor! ese no es un muchacho, es un señor, fácil tendrá sus 30, déjate de cosas o te acuso con mamá.*

Al momento le dio un tirón en su larga trenza y Jimena se volteó alterada y como felino airado le tiró una tarascada a la cara de Nuria que si no se hubiera echado hacia atrás le hubiera dejado sus uñas marcadas. Nuria corrió y se encerró en la recámara donde ambas dormían. Mientras Jimena se aguantó el coraje para no alarmar a su madre.

pasado el incidente se dirigió de nuevo a la ventana, ahí podía soñar, ahí estaba el príncipe azul, era cuestión de posar sus ojos en la casa vecina y esperar con paciencia que saliera el hombre de sus sueños... aunque en realidad no había aún soñado a nadie, ahora empezaría a hacerlo.

—*Hija, Jimena..., ¿Qué haces parada ahí? No está bien lo que haces, es de mal gusto que estés espiando todo el tiempo a los vecinos.*

—*No los espió, madre. Sólo miro la tarde. no me dejas salir ni con mis amigas y ahora, ¿me quitarás el mirar hacia afuera?*

Ángeles se acercó a ella y dulcemente pasó su mano por su frente.

—*No seas exagerada Jimena, apenas la semana pasada fuiste a la fuente de sodas con tus amigas las Meredith.*

Jimena bajó la cabeza ante la mirada de reproche de su madre y apenas balbuciente le contestó.

—*Tienes razón madre, no me acordaba.*

En ese momento al mirar de reojo la ventana vio que de la casa vecina salía el joven que tanto le atraía y dijo a su madre.

—*Madre, ya vuelvo.*

Salió a toda prisa hacia la calle, corrió por la alta banqueta y al terminar de descender los escalones empezó a caminar muy cadenciosamente.

Ángeles se extrañó de aquel comportamiento, más al mismo tiempo lo atribuyó a la edad de su mozuela.

Jimena sintió los pasos firmes y largos que se acercaban a ella, y cuando miró que el joven iba a su mismo paso se decidió.

—*Me llamo Jimena vivo ahí en la casona blanca, tú eres de los nuevos vecinos, ¿verdad?*

—*Me llamo Lucas, mucho gusto* nena, *somos los nuevos inquilinos... y ¿se puede saber a dónde vas?* —contestó sonriendo, mientras le ofrecía su mano y ella inmediatamente correspondía.

—*A caminar, estaba enfadada...*

ella había retirado la mano apresuradamente, era como si aquella mano fuerte y tosca le hubiera propinado una fuerte descarga eléctrica.

—*Bueno me devolveré a mi casa* —dijo Jimena sonriendo y fijando sus verdes ojos en los ojos de Lucas—, acción que no duró mucho, la mirada firme y segura del hombre, la cohibió al punto de sentir que se paralizaba.

—*Qué pena* —dijo Lucas— y al mirar aquellos ojos traviesos impulsivamente la tomó del brazo y la hizo girar hacia él:

—*Nena estás muy chula me encantaría verte de nuevo...*

—*No sé. salgo poco y no me permiten en mi casa salir seguido.* -

—*Está bien, preciosa... somos vecinos y nadie podrá evitar que nos veamos, aunque sea de lejos.*

- *¡No!... digo, sí claro, este... así será.*

Dando media vuelta Jimena echó a correr en dirección contraria.

Esa noche no supo a qué horas se quedó dormida, repitió la escena muchas veces en su mente y se arrepentía de no haberle dicho más cosas a Lucas... ¡ah! ¡Lucas!... suspiraba hondo, con sólo acariciar con sus labios aquel nombre.

Jimena, como chica pueblerina, todavía conserva la inocencia, la candidez de la adolescencia, puede caer en la imprudencia del enamoramiento precoz, desoír los consejos de los padres, en especial Ángeles, la madre. Es posible "meta la pata", no cabe duda la atracción física la empuja entablar una conversación con el sujeto de su interés, con ese modo fácil, si siguen, así las cosas, probable el conflicto filial con Nuria por caracteres diferentes, cambie de tono, giro, por amores encontrados, mientras la joven soñadora en las noches de luna y aun sin ella construye castillos oníricos con el recién llegado al barrio, radicando en específico, al lado de la casa de los Priego Balsero. Mientras la hermosa Jimena sueña, Lucas, el nuevo vecino maquina los pasos a seguir para lograr conquistar el corazón de la jovenzuela que mora la casona dividida por una verja. Lucas es un tipo de gran calado, siempre con el ancla lista para arrojarla a las profundidades del océano mientras en la red entre las especies atrapadas Lucas, busca el mejor ejemplar para devorarla. Jimena no será la primera, ni la última en caer en la tarraya. apenas ha tratado a Jimena, sólo espere conocer a Nuria para que se desate el conflicto, Ángeles y Jerónimo, los padres, juntos han de enfrentar el desafío de su autoridad no nada más de un vástago hembra, o varón, si no de varios más.

Preocupados por las actividades propias del género ya que los patriarcas de la familia Priego Balsero eran una familia tradicional en la cual los valores inculcados por los ascendientes, son respetados y valorizados a cada momento, Jerónimo, con su oficio de vendedor y pequeño agricultor de hortalizas ha logrado criar y educar a los hijos y darles una educación valiosa y trascendental para el bien común, la prueba es dos médicos titulados, un profesor de secundaria recibido, dos señoritas listas para recibirse en Enfermería y el resto a la espera de ingresar a la universidad para cursar la carrera correspondiente de acuerdo a la vocación elegida. por tal motivo, ignoran las acciones con respecto a los asuntos del corazón de sus hijas adolescentes.

Con el advenimiento de la edad adulta de los tres mayores ocupados en afianzar una posición social y económica buscan colocarse en el sector público, o en el privado, de preferencia, lograda esa meta, el siguiente paso es la independencia monetaria de la ayuda paternal, quieren demostrar que si la pueden. a la hora de la comida principal, se nota la ausencia de los profesionistas.

—*Me siento un poco triste, al mismo tiempo contenta que mis muchachos hayan logrado titularse, ojalá pronto se coloquen.* Comenta Ángeles al observar melancólica las tres sillas desocupadas alrededor de la mesa.

—*Míos también viejita chula, no se te olvide, entre los dos los hicimos, Dios mediante y Jesucristo su hijo, sigan siempre rectos, responsables y continúen siendo buenos y continúen siendo buenos cristianos.*

Regaña a su mujer de manera benigna mientras da un sorbo al vaso menos de la mitad del acostumbrado tequila, costumbre arraigada desde que el matrimonio tuvo su primer hijo. La madre y el resto de la prole apuran loa vasos con aguas frescas en esta ocasión; limonada.

—*Papá, mamá, ¿puedo salir un rato con mi amiga Marina?, me invitó a su casa a escuchar música, acaba de comprar unos videos de...*

—*Si son de esos de reguetón o de banda no, no, mucho menos la perriada ni andar aplastando sapos. ¡TE LO PROHIBO!* —Jerónimo acota tajante.

Ángeles interviene:

—*Déjala ir si nada más van a escuchar música, yo si te doy permiso, ve mija.*

Como ya tiene un voto a favor, Nuria le da la estocada al papá.

—*¡Ay!, que atrasado andas papito lindo. Es reguetón y se dice perreo y tampoco voy a apachurrar sapos. ¡Cómo eres antigüito! Déjame ir.*

—*Está bien, ve pues.* Resignado da el permiso el progenitor.

—*Yo voy contigo hermanita. - Se apunta Jimena.*

—*Ni madres, de ninguna manera, no me gustan las colichis.* Firme, niega acompañarse.

La razón de querer acompañarla es obvia, aprovechar ver el vecino guapo, carita, el adonis del barrio. han pasado varios días ni por asomo deja su presencia sea vista.

Jimena, tozuda como ella misma, impuso su voluntad de acompañar a Nuria, por las razones mencionadas ya, camino a la casa de la amiga, la menor, es decir Jimena, atisba descarada si acaso se abre la puerta de la casa de al lado, lista para sonreír al guapo espécimen de su fantasía juvenil, Nuria apura el paso y conmina a la hermana haga lo mismo, al terminar de cruzar el tramo donde esperaba ver al prospecto, la muchachilla hace un mohín de desencanto y enfado al no ver salir su cuasi enamorado, una cuadra adelante. justo en llegar a la amiga de Nuria, una placita se interpone a sus pasos, habían ignorado su presencia los primeros días de instalarse en la casa comprada del padre de ambas, cada una tenían sus propios planes, el de Nuria era que junto con su flamante amiga, además de escuchar música en discos compactos, también a través de un chip recién comprado, aprovechando el permiso de los padres podrían dedicar el tiempo dado del permiso para degustar un pequeño refrigerio con dos hermanos (Sonia y Beto), vecinos cercanos de las tres muchachas..

llegando al domicilio de Marina, que así se llama la amiga de Nuria, Jimena ante el fracaso no ver a su vecino, desiste de su intento de acompañar a su hermana.

—*¿Sabes qué come sola? Mejor me regreso, como que me voy a aburrir, adiós.*

—*¡Qué irte, ni ocho cuartos, ahora te aguantas! aquí te quedas hasta que nos vayamos, hiciste mucho ruido en acompañarme. ¡Te quedas!*

Decidida a regresar, a tres pasos, de repente se arrepiente.

—*Está bien, me quedo.*

Después de tocar la puerta, una güera bonita les franquea el paso.

*—Pasa amiga, oh, traes compañía, pásenle. Ella es mi hermana, ¿te molesta que la haya invitado?* —Pregunta la "come sola".

*—De ninguna manera, al contrario.*

Toman asiento el par de hermanas, mientras la anfitriona acomoda el cd player e introduce un disco. - horita traigo refrescos, agua de guanábano, unos antojitos, escuchen las canciones, al ratito llegan mis otros amigos. Nuria y Marina, muy animadas conversan de las peripecias en la escuela, de los muchachos compañeros de clase, de las chocantes compañeras y por supuesto, de modas, mientras Jimena es ignorada en la plática, se encarga de darle vuelo a la mandíbula con los totopos untados con salsa picante, de pronto se escucha tocar la puerta.

*—Oh, creo son mis amigos que llegan, horitita regreso,* —se escuchan voces de bienvenida, los saludos, es Sonia y Beto—. Nuria mira hacia la puerta esperando los invitados crucen la cocina y pasen a la sala, entretanto Jimena ocupada en acabarse de un jalón los totopos o chips, cuando entran a la sala los hermanos, la que está haciendo hambre levanta la    vista, enorme es la sorpresa encontrar que el susodicho Beto, es el vecino de su querencia, el corazón se le acelera, se atraganta con los totopos y la salsa brava.

*—Por favor, pónganse cómodos, mientras programo más música* — dijo Marina y en lo que desaparecía rumbo a su computadora, les grita:

*—Si tienen alguna preferencia musical yo los complazco ¡nomás ordenen!*

Jimena se había quedado de una pieza, al ver al invitado y su hermana, aunque sus ojos reflejaban la emoción de ver al dueño de sus sueños, su mente trataba de entender por qué Lucas estaba ahí con otro nombre y acompañado por una joven hermana que jamás había visto en las horas y horas que espiaba la casa de su vecino...

Beto, con su porte de conquistador y su sonrisa de estar siempre complacido consigo mismo, se acerca de manera por demás atrevida a Jimena, no sin antes saludar donjuanescamente a Nuria:

—*Bella vecina, dichosos los ojos, es un verdadero placer ver tanta belleza en una sola persona.*

—*Gracias vecino, no es para tanto,* dijo Nuria sin darle bien la cara, cuestión que ignoró Lucas, ya que su atención y objetivo era la jovencita de ojos traviesos, Jimena. La recorrió con la mirada como si la desnudara, como si aquel vestido que le quedaba justo al cuerpo fuera transparente y como si no tuviera fronteras entre su escote y sus prominencias.

—*¡Hola Nena, te ves espectacular!*

—*De verdad lo crees? Creo que te oí decir a Nuria que estaba bellísima.*

—*Pareces celosa, nena, ¡jajaja!*

—*¡Para nada! ¡Jamás tendría Celos de mi propia hermana!*

—*Está bien, chiquilla no te enojes,* le dijo fijando su negra mirada en los verdes ojos de Jimena, la cual olvidó todo y se quedó exactamente ahí, en esos ojos negros que la dominaban al grado de quedarse callada y olvidar que había gente a su alrededor.

Lucas rompió aquel momento al decirle:

—*Mira, te presentaré a mi hermana es casi de tu edad creo, se llama Sonia y es muy amiga de marina. Allá está con ella ven vamos y te la presento, ella acaba de llegar de la capital, allá estudia...*

Jimena lo interrumpió:

—*Me dijiste que te llamabas Lucas, ¿por qué me dijiste mentiras?*

—*Nena, yo no digo mentiras, mi nombre es Alberto San Lucas Ambrosio Monteverde Luján. Y como todos me dicen Beto, yo no quiero que tú me digas cómo todos me dicen, siempre imagino tus labios llamándome Lucas... Aún en mis sueños tú me llamas Lucas...* —bajó la voz y acercándose a su oído le dijo:

—*Siempre estás en mis sueños, nena.*

Ella atinó a decir:

—*Es un nombre muy original.*

De pronto la tomó de la mano y le dijo, ven te presentaré a Sonia.

La presentación se dio y Jimena, empezó a dar toda su atención a su cuñada en potencia, queriendo quedar bien, o parecer la mujer perfecta para el hermano.

Mientras tanto Alberto San Lucas, había dirigido todo su carruaje de Don Juan a la Bella indiferente Nuria...

—*No sabía que fuera tan amiga de mi hermana menor, señorita Nuria.*

Había algo en Nuria que le impedía ser el conquistador de siempre, que lo cohibía.

—*Sí, me la presentó Marina y la verdad no tenía idea que fuera tu hermana... Y no entiendo por qué la acompañas, tú no eres un joven de nuestra edad... Más bien...-*

—*¿Le parezco un viejo?* —interrumpió reprochando Lucas.

—*Bueno, no tanto, no tengo mal ojo, casi nos doblas la edad...*

-—*Sí, tiene razón. La verdad sí acompañé a Sonia es por cuidarla, este pueblo se ha vuelto algo peligroso...*

—*Por favor, ¿Beto o Lucas? Cómo cree mi hermana que te llamas, estamos todas cerca de nuestra casa, no veo el peligro, usted tuvo otra razón para acompañar a Sonia, lo presiento.*

—*Sí... Perdón, por mi hermana supe que usted estaría aquí...*

En eso el grito de Jimena interrumpió la conversación.

—*¡Nully, Nully! ¡Mira estoy con Sonia, me dice que ya te conocía, gracias por invitarme hermanita!*

—*De nada Jimena jajajá.*

La risa de Nuria era, porque se acordó inmediatamente que Jimena se había apuntado sola.

La reunión continuó, entre risas y bromas. Lucas era experto en romper el hielo y pronto se volvió el centro de atención, de las cuatro jóvenes que reían alegremente con sus ocurrencias.

Nuria se encargó de romper el encanto, en eso era experta ella; pues era demasiado responsable.

—*Bueno amigas y "señor Beto", aquí se rompió una tasa...-* dijo remarcando las palabras de "señor Beto".

—*¡Nully no seas aguafiestas, por favor!, rezongo Jimena. Estamos super a gusto y apenas son las 9.*

—*Lo siento Jimena, mañana tenemos que madrugar a la escuela, ¡vámonos!*

—*Bueno, sé que no te haré cambiar, por favor déjame un rato más.*

—*Señorita Nuria, déjela. De todas formas, mi hermana y yo tenemos que irnos en media hora más... Yo también madrugo ¿sabe?, Así que le prometo que la dejaremos en la puerta de su casa en media hora.*

—*Está bien,* dijo enfadada Nuria. Acto seguido se despidió de Marina y de Sonia, prometiendo una próxima reunión.

Sonia y Marina platicaban de muchas cosas y contaban anécdotas que Jimena no escuchaba por estar atenta a cualquier movimiento de Lucas. El tiempo pasó volando y Lucas apremió a Sonia para que se despidiera.

—*Hermano, Beto, tendrás que llevar tu a Jimena, le llamé a papá y le dije que me quedaría a dormir con Marina.*

—*¿Estás segura de que mi padre te dio permiso?,* dijo Beto algo contrariado. Él podía dárselas de galán, cuidaría con todo a su hermana de cualquier tipo cómo él.

—*Si, anda ve, lleva Jimena que se le hace tarde y no digas que te mando. Mañana nos vemos temprano Betito.*

Jimena no podía creer lo que estaba oyendo, caminaría casi dos cuadras, sola con Lucas.

Sintió su mano fuerte rodeando su brazo...

—*Vamos nena,* e inclinándose a su oído.

—*La calle y la noche nos esperan. Además, la "señorita corajes" ya te ha de estar esperando para darte un ejemplar castigo.*

*Bueno chicas, la pasé súper, hagan que se repita.*

Dando un ligero beso en la mejilla de sus amigas, salió del brazo de su príncipe azul.

Iba muy callada, los primeros pasos fueron para la joven una tortura, no sabía que decir y no quería que llegar a su casa jamás. Nunca había sentido tanta desazón, tantas mariposas revoloteando en su estómago. De pronto, lucas la jaló suavemente tomando un callejón más obscuro que la calle que caminaban.

—*Ven un momento nena,* le dijo en tono de ruego y con una voz tan seductora y ella como autómata, callada, dominada se dejó conducir.

Nuria disimuló la atracción que sentía por el tal Lucas o Beto, como quiera que se llame, ahora que lo vio de cerca en casa de Marina, se dio cuenta tiene cierto encanto aunque el tono de voz, la acentuación de sus palabras, los gesto y las poses teatrales lo retratan muy parecido a Mauricio Garcés, el galán de cine de los años sesenta y principios de los setenta, nada tiene de tierno, o inexperto en las lides del coqueteo, la seducción y la manera de hacer el amor al modo de la vieja escuela, es un aprovechado, se vale de su hermana, de las amistades femeninas para enamorar a las chicas pueblerinas y una que otra de la ciudad. Nuria todavía no digiere los posibles acontecimientos en este nuevo círculo amistoso.

Da vueltas a la perilla de la puerta con la intención de entrar, nota que no puede entrar debido a que tiene llave, se ve obligada a tocar, antes que le abran atisba hacia el interior, descubre hay luz al fondo, lo que indica hay alguien en la cocina.

—*¿Quién es?* Preguntan desde adentro.

—*¡Ay, mamá! soy yo Nuria.* Responde la hija a la madre. Cuando se da cuenta, que viene sola, indaga que sucedió con la hermana menor. Precavida, evitando preguntas incómodas se calla la verdad.

—*Me pidió quedarse unos minutos porque mi amiga le iba prestar unos discos y se quedó escogiéndolos, preferí venirme, aunque despacito para que me alcanzara.*

—*¡Cómo eres bruta, si le pasa algo en el camino, tú vas a tener la culpa, mira que dejarla sola ¡no tienes perdón de Dios! ¡Ay, Maria santísima!¡Que no se entere tu padre!*

Al poco rato. madre e hija esperando en el umbral de la puerta, ven aparecer a Jimena acompañada de Sonia y Beto, los hermanos vecinos.Ángeles respiro tranquila ver llegar a la tremenda Jimena, es tan imprevista, impulsiva, siempre se mete en dificultades a causa de su temperamento algo díscolo.

—*No vuelvas hacer eso, si van juntas alguna parte, se regresan de igual manera,* reclama a las muchachas delante del par de hermanos.

Sonia y Beto, después de saludar y despedirse de Ángeles, regresaron a su domicilio, mientras la progenitora cierra la puerta con llave, a una señal con la mano indica a las hijas vayan a la habitación que comparten, ella dirige sus pasos hacia la recamara conyugal donde Jerónimo yace dormido. A la izquierda en el buró, se halla un vaso a medio llenar de agua, en el interior de este se puede ver la dentadura postiza del padre de familia y en una mano sostiene un libro; por cierto, el señor no rebasa las dos tres páginas de lectura para caer dormido. La esposa sonríe por la placidez que presenta el marido. Mientras tanto, las hermanas intercambian lo último ocurrido.

—*¿Oye Jimenita, podrías explicarme porque duraste mucho en llegar? ¿no se suponía Sonia iba pasar la noche con Marina y tú vendrías con el Lucas o Beto?* Nuria quiere saber.

—*Te explico, nomás saliendo de la casa de Marina, tomándome de la mano y hablando pura miel me llevó en ese callejón casi oscuro, "un ratito chiquitito", me dice, y luego sin decirme aguas va, me planta un beso y la pura verdad, no lo niego, le correspondo, lo que no me pareció correcto es que me tocara aquí.*

Jimena apunta al pecho.

—*Que me encabrito y que le doy una cachetada y me regreso de volada donde vive Marina, todavía no se acostaban, Marina me ve llegar y sólo le digo, que Sonia me acompañe. Beto afuera se quedó esperando, no les dije lo que pasó, por eso vieron que llegamos los tres.*

Nuria apenas aguanta el coraje, la enfurece escuchar el relato de su hermanita del beso mutuo y sobre el toqueteo en los senos, en su interior, se molesta del atrevimiento del vecino, hubiera querido ser ella la del beso. Las caricias para ella, no obstante, el amor filial se impone.

—*Bueno, basta de parloteo, ¡a dormir se ha dicho!* Exclama Nuria, Tenemos que levantarnos temprano para alcanzar a desayunarnos y llegar a tiempo a las clases.

Ángeles y Jerónimo se casaron muy jóvenes, cumplidos los catorce inició el noviazgo con Jerónimo que en aquel entonces era ya un adulto joven, veintidós años, se conocieron por casualidad, ella estudiante de secundaria, y él, vendedor de raspados y fruta afuera de la escuela en una carreta llena de sus productos, el enganche entrambos fue inmediato; el vendedor y la alumna se gustaron, un flechazo al corazón fue el responsable, ellos permanecieron como novios un año, enseguida, lo que hacen los muchachos hoy día, se "juyeron". luego de establecerse como pareja, fueron a la casa paternal a pedir "el perdón".

Sentados alrededor de la mesa después de tomar el desayuno, el matrimonio Priego Balsero inician una charla concerniente a los hijos, en especial los aún quedan en el hogar por ser menores de edad están en sus respectivas aulas de la escuela. donde estudian.

—*¿Te acuerdas mi Ángel, el día que te pedí te fueras conmigo? me enamoré de ti como un tonto, te veía todos los días a la hora del recreo, rogaba trajeras dinero y fueras a comprar un raspado, un pepino con chile y limón, o chicles motita. Me di cuenta te gustaba porque sin vergüenza te me quedabas mirando, pensé: " le caigo. le caigo, tengo que cantarle la neta, a ver si no me rechaza ya que está muy chiquita".*

—*Bien que te acuerdas bribón, yo también me decía, "pues que se trae éste, no me quita los ojos de encima", fíjate, no te me hacías muy grande, sería que también me gustabas, la vez que te vi por la tarde cerca de la casa, ¿ah caramba! ahí está ese muchacho, yo que sabía lo hiciste de adrede. es historia, nos hicimos novios así nomás, ahora nuestras hijas, los hijos gracias a ti se han comportado bien, buenos hijos, obedientes, educados y sobre todo fieles cristianos.*

—No seas tan modesta. —Interrumpe Jerónimo—, *se debe a tu trato bondadoso, firme, tres con estudios superiores, Alba y Aurora a punto de entrar a la universidad, Nuria también a un paso de decidir si va a seguir los pasos de sus hermanos, si va a la Universidad Pedagógica y Jimena que como es a lo mejor como castigo nos copia de largarse con un pelafustán…*

—*¡Oye, oye, yo no me casé con un pelagatos!* Protesta la abnegada ama de casa, esposa de Jerónimo, *eras pobre, sí, muy trabajador y honrado. A demás nuestras hijas se codean con buena clase de jóvenes, tienen buenas amistades.*

Lo que no le dijo a Jerónimo, fue lo del incidente de la noche anterior. Cuando Jimena llegó acompañada de los vecinos y con un aspecto bastante extraño, agitada o turbada... sí, esa era la palabra, turbada. Tenía que hablar con Jimena. Conocía poco de sus vecinos, si sabía que el joven que la acompañó con su hermana esa noche no trabajaba y no tenía una carrera... Y verlo conviviendo entre las jóvenes amigas la inquietó bastante.

Para la edad de Nuria, dieciocho y la de Jimena, 15, la de Lucas, aunque no es ningún adolescente sino de entre 26, 0 28, la brecha es grande, la información obtenida más tarde indica el hermano de Sonia, se vale de ella para conocer ingenuas e inocentes muchachillas con el fin de aprovecharse, de burlarse aprovechado de la labia, de la melosidad, cosa que en su momento Nuria y Jimena resultaron víctimas de las intenciones aviesas y morbosas del "encantador" joven engañoso. Ángeles aprovecha la ocasión a solas con Nuria para prevenirla de los peligros que corren ella y su hermana menor sentenciándola:

—*Te aviso de una vez, tienes a tu cargo la seguridad de Jimena, cuídala, protégela contra cualquier cosa que le haga daño, ya ves cómo es tan impulsiva, tan impertinente, no mide las consecuencias de sus actos. Si le pasa algo, te las vas a ver con tu padre y como dicen ustedes los jóvenes, no te la vas a acabar.*

—*Si madre, la voy a cuidar, aunque nos agarremos del chongo y me caiga gorda la.*

—*¿La quéee?* Increpa Ángeles.

—*Nada, nada mamá.* Responde la chica supuestamente más madura.

Lo que desconoce Ángeles, criada a la antigüita, muy cándida, no obstante, la edad, la realidad de los tiempos nuevos, los hijos son más independientes, dados a ser más temerarios ocasionando desafíen la autoridad de los padres, Nuria es una de esas personas que callan lo que les conviene y "cuidar" de su hermana a encomiendas de su madre, le convenía.

—*Beto, me vas a meter en problemas por seguirte la corriente, Marina me dijo le gustas a la Nully... Y la taradita de su hermanita te echa los perros, ya mi di cuenta, te gustan las chamaquitas, acuérdate lo que te pasó por andar de adelantado con la Chollet, por poquito caes en la cárcel; madura, no eres un niño, busca de tu edad.*

—*Lo que tú digas hermana chula.* Responde Lucas, haciendo dengues y apretando leve la nariz de Sonia.

Alba y Aurora, las hermanas mayores en cuanto al resto de las demás son una legítima calca de la matriarca, viniendo de una familia tradicional por generaciones, ellas ni soñando desafían la autoridad materna a través de Jerónimo. La autoridad de los mayores no se cuestiona, se obedece porque se obedece, no obstante en un acto de rebelión que fructificó pudieron continuar sus estudios más allá de la secundaria, la orden era permanecer en las cuatro paredes de la casa y salir sólo ir al matrimonio; vía matrimonio religioso y enseguida el registro civil, fueron las pioneras y ejemplo para el resto de las féminas, lo contrario sucede con los varones, llegar a lo más alto de la escalera académica y profesional, Ángeles no levantó la voz para oponerse a cónyuge en su decisión de no darles luz verde para la continuidad escolar, por lo que Alba amenazó con independizarse de los padres y vivir por su cuenta; por lo que se vieron obligados a aceptar que las hembras de la familia también se prepararan académicamente y plantear una nueva condición familiar en el matrimonio de los Priego balsero, donde los mayores ejercen su profesión y los menores en el hogar. Reuniéndose una o dos veces al mes, o ciertas celebraciones, ejemplo, cumpleaños, graduaciones, primeras comuniones, Etcétera.

Vivir en una ciudad con mucho acento provinciano se puede conseguir animales vivos para sacrificarlos en aras de hacer un buen guiso, de sartén, intercambian anécdotas, aceptan sin contradecir las eternas recomendaciones, por lo pronto todos siguen solteros. traen regalos a papá, a mamá, a las adolescentes y los chiquillos. Nuria, en las próximas vacaciones planea pasar unos días con Aurora, se lleva mejor con ella, Jimena discreta les ruega a las mayores le obsequien afeites, pintura de uñas, esto es porque no es que le falten, sino que las de ellas son más finas y caras. pasada la visita fraternal, la continuidad regresa a la casa. Justo, Lemuel apenas conviven con Nully, como es conocida y Jimena, la siempre rebelde, la moza siempre ha tenido el sentimiento de no pertenecer a sus consíguenos, enfrentada siempre a la autoridad, lo que los adultos consideran inmoral, pecaminoso e inescrupuloso. Jimena, sino la atajan por allí se va a ir.

Alberto San Lucas Ambrosio Monteverde Lujan, en realidad era un hombre que le gustaba su soltería y la disfrutaba. Un hombre ambicioso y dispuesto a hacer cualquier cosa por tal de tener dinero y gastarlo en lo que más le gustaba: las mujeres. Él soñaba vivir en una gran ciudad, emigrar a los Estados Unidos o mínimo irse a vivir a la capital. Le era imposible independizarse de la economía de su padre, que, aunque le era incómoda, la necesitaba para darse su vida de "don Juan" y trabajando en la carnicería de don poncho, no le dejaba lo suficiente para esa vida regalada que soñaba. (Su padre mismo le había pedido a don Poncho empleara al muchacho, cosa que le convino al carnicero del pueblo, pues en el "favor que le hacía al emplearlo" la paga de este estaba en el sueldo ínfimo y sin prestaciones que devengaba Beto)

Lucas era el segundo de tres hermanos los cuales eran mayores de la encantadora Sonia.    Alfredo el mayor se dedicaba a la herrería y tenía su taller en las afueras del pueblo. Su padre le insistía siempre que empleará a Alberto, era en realidad que se oponía a sentirse "Subordinado" a su hermano. Eso le quitaría seguridad ante el sexo opuesto.

Alberto cocinaba la idea de proponerle a su hermano ser más bien socio de él y para eso necesitaba ganar dinero.  Don Poncho le pagaba un poco menos del mínimo y con eso sería imposible lograr sus sueños con un sueldo tan reducido.

No dejaba de pensar en el "tarochi", un personaje arribado del sur y con el que había platicado cuando acababa de llegar. Lo había subestimado bastante.

(*"—Mi amigo yo sé lo que le digo, enrólese con su servilleta, yo sé hacer dinero",* le dijo el sureño en aquella ocasión. Y recuerda Alberto cómo lo barrió de pies a cabeza y lo encontró corriente, insignificante y su ropa verdaderos harapos. Ahora anda en un carro casi del año y su ropa se le ve de marca... También recuerda que lo encomió:

*("—Si un día se decide mi amigo, nomás me habla, ahí estaré a la orden".*

Pues bien, iría a verlo. Ya sabía que frecuentaba la única cantina del pueblo y aunque a él no le gustaba la cantina del pueblo porque siempre veía los mismos borrachos trapajosos, tenía que reconocer también iban caballeros de buen vestir. Así que tomó la "acertadísima" decisión de ver al señor don Tarochi.

Llegó Alberto San Lucas a la cantina y buscó desde la puerta al gran Tarochi. Quien llegó descalzo y ahora era de los adinerados del pueblo.

Ahí estaba y para su buenísima suerte estaba en una de las mesas del centro. Así que con toda seguridad caminó hacia él, cuando tomó la silla, no supo de donde surgió un fulano que con mirada retadora le impedía que concluyera la acción

*("—Si no quieres pagar caro tu atrevimiento, aléjate de aquí chavalo...*

Le dijo amenazador el fulano que a leguas se evidenció como guarura del Tarochi, quien al reconocer a Lucas le hace una seña al guarura para que se fuera.

Todo este movimiento hizo engrandecer al doble la figura del Tarochi a los ojos de Alberto... ("¡Que increíble, este es mi gallo!"), se dijo.

*("Siéntate muchacho,* le dijo el Tarochi, sin una pizca del hombre que conoció cuando recién llegó a Río de Piedra. Un lugar que atraía mucha gente del sur.

*("—Buenas tardes, Don Tarochi,* dijo Alberto tímidamente. Algo tenía ahora este tal Tarochi que ahora lo inhibía. No era aquel que conoció y lo invito a hacer dinero y del cual se rio por dentro. No, ahora se imponía, se sentía obligado a tratarlo de "don".

La carcajada del Tarochi retumbó en cantina.

*—Por favor hombre, que señor ni que don, somos amigos, vecinos de este magnífico lugar, siéntate y pide algo.*

Aquello rompió el hielo totalmente y Alberto San Lucas Ambrosio Monteverde Luján se empezó a sentir hasta identificado con el Tarochi.

Salió de ahí contento. El Tarochi lo había aceptado en sus negocios y le había entregado las llaves de una casa que tenía llena de "mercancía" en las orillas, casi a las márgenes del río Buquibaba.

(" —No es cualquier mercancía mi Beto, es gente que está esperando llegar a su destino y nosotros nos encargamos de ellos"

Le había dado también una importante cantidad para víveres y cobijas.

(" —No sé por qué presiento que no me vas a defraudar, que serás mi más fiel trabajador y bajo todas las indicaciones que te di, mi Beto y, discreción, sobre todo, mucha discreción".

(" —No te voy a fallar Tarochi y gracias por el buen adelanto que incluiste, de verdad gracias"

Alberto pensaba y no dejaba de felicitarse. Empezó a trabajar en todo lo que él Tarochi le pedía, en realidad aquel hombre era "patero" y tenía muchos contactos, los que le proveían "la mercancía" personas que querían llegar al vecino país, los que la llevaban, los que daban guía, los mandaderos, los puntos. Y era el que repartía las ganancias de todo el dinero que las personas que aspiraban a llegar al otro país le pagaban.

Entonces, para el corto periodo de la existencia de Lucas Alberto, los pasos iniciales iban por el camino de la delincuencia, aunado por la predilección de las muchachitas y una que otra mayorcita, aumentaba los riesgos de peligro y exposición de la integridad física, los nuevos tiempos nefastos apenas vislumbran las consecuencias de los que viven y medran con las necesidades humanas de una mejor vida que en un país contemporáneo no otorga a sus connacionales que prefieren emigrar a la vecina nación del norte de manera ilegal contratando individuos llamados pateros cuyo puro objetivo es el dinero a costa de la necesidad y el bienestar físico, Beto ante si tiene un universo de vida y dinero fácil, Sonia y el resto de la familia ignorantes están de las nuevas actividades delictivas del don juan de marras.

Un contraste con, la vida honrada, laboriosa de los padres de las jóvenes y el resto de los hermanos menos los menores que van por la ruta de las personas de bien, Siempre hay un prietito en el arroz, el malandrín que ha puesto los ojos en las dos hermanas: Nuria y Jimena con consecuencias predecibles. Sonia es una persona cándida, una chica que no ve el lodo de las huellas de sus semejantes, la percepción de la realidad en blanco y negro de su horizonte es diferente al claroscuro de la conducta de su amadísimo hermano.

Los hijos no siempre  comulgan a rajatabla, las creencias, conductas y comportamiento de sus antecesores, muchos de los jóvenes de hoy, les da por la vida disipada, díscola, desenfrenada de los sentidos y estímulos de la carne y el dinero, otros son vagabundos profesionales, sin beneficio para la sociedad, ni para ellos mismos, unos son holgazanes vividores del patrocinio de los que les dieron vida, los hay que sin ser santos, mecenas de nadie son responsables de sus actos y dan cuenta de los mismos a la conciencia del bien y el mal.

Los padres de Lucas Alberto aun manteniendo su eje central de figuras de autoridad, tienden a desentender el cauce elegido  de lo inmoral y las buenas costumbres, en cambio el matrimonio de María de los Ángeles y Jesús Jerónimo procuraron inculcar buenos principios y conductas morales, cristianas principalmente a la numerosa prole; Nuria y Jimena deslumbradas por los cambios recientes de amistades femeninas, a la alternancia de amistades del sexo opuesto, tendrán que lidiar con el frívolo y promiscuo joven viejo que ha echado al vuelo las campanas por hollar el templo de la castidad de las antagónicas hermanas.

Jimena, la más visible en exponer ante Nuria la atracción física que ejerce "Beto" sobre su persona, nota su ausencia a veces de días, de semanas, de acuerdo con rumores de sus recientes amigas no se le conoce estudie, tenga un oficio, para ser hijo de papá, o mamá está demasiado "grandote", para Nuria representa un golpe, una desilusión.

Enterarse del mal prospecto que preveía para tener amores y para Jimena ignorante de los enjuagues tenebrosos del resbaladizo pretendiente, le resta importancia, méritos tal condición.

Y no se crea que por tener un "trabajo" el comodín va a cubrir sus propios gastos, se va a independizar, al contrario, mientras no lo corran, no le den una patada en el trasero, él continuará viviendo en la casa de los padres. Quién nota las ausencias, las desapariciones repentinas, abruptas, es Jimena que entretanto acude a la escuela, más que vigilar, acecha al "carita melosa". todavía no se da la oportunidad de un encuentro, aunque sea fortuito, la que si ha tenido la suerte es Nully a espaldas de la incómoda hermanita logró evadir su compañía, el acceso a Sonia permitió un breve encuentro con el adonis urbano. Escuchó lo que quiso escuchar, una pasadita por su pelo, un deslizamiento sobre la mejilla terminando en los labios frescos y tiernos de la mano de Lucas.

Nuria obtiene lo que buscó, sin embargo, desconoce los pasos subsecuentes, ilícitos de traficar con humanos, aunque él es un peón del verdadero dueño del negocio.

Beto sigue con su trabajo en la carnicería de don Poncho, de hecho, el consejo del Tarochi es que no deje ese trabajo, pues le servirá de parapeto en su deslizamiento a las ilícitas actividades. Así fue como se enrol162 en esas actividades, las conversaciones se convirtieron en torno a sus delitos que ampliaron con el trasiego de drogas usando de burros a los migrantes. Pronto el Tarochi le confiaba cada encomienda con la seguridad que Alberto cumpliría cabalmente.

—*Me cae que has cumplido bien con todas las encomiendas muchacho y hemos tenido ganancias muy jugosas.*

—*Así lo creo, yo también estoy contento con lo que me dan chanza, yo quisiera pedirte un favor, Tarochi.*

—*Tú dime mi Beto y si está en mis manos, ya sabes qué se hace.*

—*Bueno, la verdad es sobre el cuarto que está atrás, en el patio de la casa donde guardamos la "mercancía", quiero que me dejes acondicionarlo, tú sabes... Es muy molesto levantar a mis jefes para que me abran cuando se me desocupa, en la madrugada de los encargos y....-*

—*No se diga más, mi Beto. Te daré la llave, el cuarto de hecho cuenta con cama y un baño... Es más, creo que te has ganado la confianza de mis jefes, les diré que ya es tiempo te den tu unidad, ya no tendrás que andar usando taxis.*

Música fue a los oídos de Alberto aquella noticia. Así que se fue contento y dispuesto a seguir agradando a su jefe para obtener la libertad económica que le diera la presencia y la apariencia de un verdadero caballero.

Ese sábado, Alberto se ausento desde muy temprano de su casa, decidido a dejar "su nuevo hogar" lo más acogedor y limpio posible, estaba contra reloj. Salió a las 6 de la mañana y tenía que presentarse a las 9 con Don Poncho a su trabajo de carnicero. En tres horas o menos podría hacer milagros en aquel cuarto empolvado, semi vacío y así fue. Faltaban quince minutos para las nueve cuando se presentó a su rutinario trabajo con el viejo carnicero.

(*"—Me quedó muy bien mi tanichi"*, pensó y sonrió imaginando lo que haría en breve.

El lunes Alberto llegó a su casa cuando sus padres y Sonia cenaban.

—*Hijo, ¿tu vienes manejando esa troca tan bonita?* Preguntó su madre.

—*Si madre, Don poncho me la ha dejado, tú sabes para hacerle mandados y hacer sus depósitos, él quiere que yo me encargue y me puso esa troca para que no ande a pie... Le está yendo bien al viejo, hasta le regaló un carro automático a su hijo, el que estudia en la capital...*

*Así que de ahora en adelante andaré en cuatro patas de hule, jajajá.*

Todos sonrieron y Alberto se sumó a los comensales. Todo iba a pedir de boca.

Jimena, que no perdía pisada de su amor platónico, llegó corriendo con su hermana.

—*¿Nully, ¿quién crees que llegó en un señor carro?*

—*¿Quien?*

—*Nuestro guapo vecino, Lucas.*

—*Mira, deja de hacerte ilusiones con ese señor, porque no es un joven, es grande para ti. ¡Así que no me obligues a decirle a mamá que andas de volada!*

—*Tenía que salir la "hijita de mami". ¡Nerd, balcona!*

Haciéndole una cara de repudio dio la media vuelta y salió de la presencia de Nuria. No le avisó a Nadie, salió de su casa... En realidad, Jimena se dejó guiar por aquel deseo que la dominaba: ver, aunque sea de lejos, a Lucas. Siempre que lograba verlo iba en compañía de Nuria o él iba con Sonia o con su hermano. Caminó dos cuadras por la avenida obscura, no era tan tarde, en este tiempo la noche caía temprano...

Se sentía desilusionada, no se alejaría más, la casa de los vecinos ya estaba obscura... Tenía que volver antes que su madre notara su ausencia.

De pronto la luz de un carro la cegó y vio como frenaba no muy lejos de ella.

—¿A dónde quieres que te lleve, nena?

¡Era lucas!... No sabía que contestar, quiso seguir caminando e ignorarlo, sus pies y su corazón se negaron a obedecerla.

—Anda Jimena, sube te llevo a tu casa, ya sé que está cerca, para darte una pasadita en mi troca.

No dijo nada, como si le hubieran dado una orden fue y se subió al pick up negro donde estaba el hombre de sus sueños.

Cuando Lucas aceleró el carro Jimena sentía que su corazón estallaba.

—Por favor llévame a casa, no quiero ni pensar en que mamá se dé cuenta de mi ausencia.

Y como si no la oyera.

—Nena, necesitaba verte. No hago otra cosa que pensar en ti. No te me quitas de aquí. dijo tocándose la cabeza y tomando la calle que lleva a la salida del pueblo.

—¿Dónde estamos Lucas? ¿A dónde me has traído?

—Ven nena, no tengas miedo te voy a mostrar algo que a nadie le he mostrado y que es un secreto. Confío que a nadie dirás nada de lo que te enseñaré.

—Te prometo no decir nada Lucas, ¿qué es?

—Este es un Cuarto que compré hace poco, no vayas a decirle a nadie, nena. En ti confío. Ven, pasa.

Apenas si se cerró la puerta tras de ellos, cuando Lucas tomó a Jimena por el talle y buscó su boca tan ávidamente como si en ello le fuera la vida. Jimena no opuso resistencia, era lo que cada noche se imaginaba, soñaba: ser besada así por Lucas, su Lucas.

—*¡Lucas despierta! Son las 9 de la noche, salí de casa desde las 6, ¡mi madre ha de estar enojadísima por Dios!*

Había vuelto a la realidad y se sentía angustiada, aunque no arrepentida. Lucas dio un salto.

—*Vamos Nena, no quiero problemas con tu familia, te llevaré a tu casa yo misma te entregaré con tu mamá.*

Ángeles y Nuria estaban en la alta banqueta de la casona blanca, algo asustadas, confiando en que sólo era una vagancia de la inquieta Jimena. Así que cuando vieron llegar el pick up negro no salían de su asombro al ver bajar de ahí a Jimena y ver cómo Alberto se adelantaba a saludar muy atento a doña Ángeles.

—*¡Señora, buenas Noches! Aquí le traigo a su muchacha, estaba con mi hermana las llevé a tomar un helado, mi hermanita se quedó con Sonia a dormir y le di un raite a su hijita.*

—*Gracias muchacho, ¡qué atento!*

—*¡Hola Nuria, ojalá algún día de estos te animes y me aceptes invitarte un helado a ti también!*

—*A mí no me gustan los helados, gracias vecino.*

—*Buenas noches, me retiro que descansen,* dijo Alberto al momento de hacer un pícaro y coqueto guiño hacia Nuria.

La tormenta esperada se dejó venir, una vez que estuvieron dentro. Ángeles recriminado y reprendiendo duramente a Jimena por irse sin avisar. Ella alegando que la buscó para avisarle, no la vio, estaba enfadada de estar encerrada.

—*No sé qué hacer contigo, a la siguiente si le diré a tu padre. A demás, te prohíbo que vuelvas a subirte tú sola al carro de ese muchacho, que ni trabaja ni estudia.*

—*Sí trabaja, es carnicero con don Poncho, yo lo he visto.*

—*¿Y por qué lo defiendes?,* dijo Nuria, aún molesta por la hazaña de Jimena.

—*No lo defiendo, nada más le aclaro a mamá. Ella no sabe porque casi no sale, yo sí sé.*

—*Bien,* dijo Ángeles, que no se repita esto.

—*Y tú Nuria, está más pendiente de los movimientos de esta niña grosera, ya te he dicho.*

La casona quedó en Silencio y Jimena pudo volver a vivir como dejó atrás su amor platónico para convertirse en un volcán que no sabía que llevaba por dentro.

¡Era un mundo tan desconocido! Sabía ciertas cosas, ahora lo había vivido todo, en "vivo y a todo color".

Las salidas de Jimena, sin aviso y sin permiso, fueron cada vez más frecuentes. Su disculpa era salir a caminar por sentirse asfixiada, enfadada. Tenía que caminar y así poco a poco las mujeres y el padre se acostumbraron a las caminatas vespertinas de Jimena.

Las citas clandestinas siguieron por algún tiempo con aquella fogosa intensidad. Aunque aquel don Juan empezaba a sentirse ya acosado por la atrevida Jimena. Que no le dejaba pasar ni un día sin la febril entrevista.

La fogosa e inexperta amante, por sus venas corre la lava ardiente desbordada de su juventud, por lo tanto, arrasa pasiones, escrúpulos, oídos sordos a la conciencia.

conciencia que le habla al oído el peligro de caer al abismo por culpa de un ser inconsciente sólo le importa la voluptuosidad de los sentidos, de la carne, poco le interesa la integridad emocional de las víctimas de sus deseos insanos. Las noches cortas, las tardes sigilosas de los encuentros obnubilan la razón, la claridad mental de la joven que se cree enamorada del rufián don juanesco, desconoce las consecuencias a posteriori de sus actos levantiscos, lo que hace cada vez que se ve con su Beto y después de consumado el acto, perderse en el ensueño de una ficticia realidad con el hombre ladrón de su inocencia e ingenuidad.

Entretanto, Nuria busca la oportunidad sacarle la verdad, porque sospecha las andanzas de su hermanita. Jimena intuye la intención de la hermana mayor, un día acorralado tuvo que enfrentar los señalamientos, los reclamos de la liviandad de Jimena.

—*Parece que me andas espiando Nuria, ¿qué pasa? ¡Suéltalo ya!*

—*¿Tú crees que yo soy idiota?, ¿verdad? yo no me trago eso de que te vas a caminar para no sentir que te ahoga el encierro... ¡No chiquita, tu traes algo y vale más que me lo digas! ¿Te estás viendo con el vecino verdad?*

—*Claro que no! ¡Y si no me quieres creer es tu problema! ¡Y déjame en paz!*

—*¿Me vas a decir que ya no te interesa el vecino? Porque no te creeré.*

—*Jajaja, que despistada andas mi Nully... Lucas no se merece a alguien como yo, es un don nadie, ¡yo tengo mi ideal de hombre y una cosa más Nully,* le dijo acercándose retadora mente a su hermana mayor.

—*¡No te metas donde no te importa!*

Salió como un ventarrón golpeando la puerta con fuerza. Ángeles, que oyó el portazo un increpó a Jimena:

—*¿Qué pasa hija? Por qué estás tan alterad.*

—*Por favor, mamá, es que me harta que mi hermana me quiera tratar como chamaca mocosa.*

—*Te recuerdo que es tu hermana mayor y le debes respeto, yo misma le doy instrucciones que esté al pendiente de ti, así que no seas corajuda, aprende a controlarte. Y esta tarde no me salgas a caminar, aunque te ahogues, ¡para que aprendas que en esta casa debe imperar el respeto y la tranquilidad!*

Con el coraje ahogándole el pecho y la impotencia de no tener valor de pasar sobre la autoridad materna, Jimena se encerró en la recámara y ahí empezó a llorar silenciosamente, con una infinita rabia.

No podía gritarle a su hermana y a sus padres que estaba enamorada, que ya era una mujer y que estaba dispuesta a pasar sobre quien sea para conservar lo que ella creía su gran amor. En cambio, tenía que callar... Lucas se lo pedía, le tenía prohibido decir algo sobre aquella relación.

(*"—Si tú dices algo, nos van a separar, y yo no te lo perdonaré jamás"*

Ese era su miedo, por algo le decía Lucas las cosas y ella no se sentía capaz de sobrevivir sin su hombre. Así que guardaría silencio... un día podremos darlo a conocer, pensaba y juntos daremos la noticia de nuestra boda... No supo a qué horas se quedó dormida con aquel sueño creciendo en su cabeza.

No supo que Marina y Sonia llegaron por Nuria y se fueron a pasar una buena tardeada. Ni que Lucas, su Lucas, las anduvo paseando en el carro y ahora disfrutaban de un rico helado.

—*¡Gracias Beto, dijo Sonia, ¡eres el mejor hermano!*

—*No loquita, no lo hago por ti*, dijo Lucas mientras clavaba su negra mirada en los ojos de Nuria. Ella no sólo le sostuvo la mirada, sino que le hizo un aire despreciativo que al galán le caló hondo.

A Sonia, le encantaba ser la alcahueta de su hermano, captó el cruce de miradas y se decidió a enfrascarse en una buena conversación con Marina, asegurándose dejar por fuera a Beto y a Nuria.

Beto se acercó a Nuria con cara de niño regañado.

—*No disimula nada que no le caigo ni un piquito...*

—*No es precisamente que no me caigas, detesto a los hombres que creen que uno es una tonta.*

—*Yo no creo eso de usted, bueno de ti... Me pones nervioso... de verdad yo de ti no pienso nada, o mejor dicho pienso mucho en ti, puro bueno.*

—*Mira Beto o Lucas, no creas que no me doy cuenta de que tú y Jimena se traen algo.*

—*Estás equivocada y mira ni siquiera la había extrañado. ¡Es una niña, en cambio tú eres una mujer bellísima!*

—*¿De verdad no tienes ningún interés en Jimena?*

—*Claro que no, Nuria, ¡créeme!*

Nuria no pudo reprimir gritar:

("—¡NO TE CREO! ¡NO TENGO NI UN PELO DE TONTA!"

Las otras dos mujeres reaccionaron sorprendidas por el tono alto de voz de Nuria, pausaron su conversación, Sonia le pregunta al hermano.

—*¿Qué le hiciste a Nuria?*

Lucas, guarda silencio, lo único que hace es mirar a Sonia con fijeza, ella entendió la intención. La que se quedó "patinando", fue Marina, voltea hacia su amiga para preguntar qué pasa, igual que su hermano, no responde. entonces, en un entendimiento silencioso reanudaron el paseo en parejas, adelante Sonia y Marina, atrás, Lucas y Nuria. Esta última, molesta por lo que imagina existe tal como lo es, una relación sentimental entre Jimena y el joven maduro, lo que Nuria no imagina es hasta dónde llega ni que tan íntima es la relación de la pareja.

Lo que le duele a Nuria es la duda que le corroe el alma, de que la hermanita ande en amores con él... ella siente una fuerte atracción por ese adonis; no quiere aceptar que muy pronto la muerte súbita paralizará cada órgano vital, cada fibra de su ser por este individuo.

Alberto San Lucas, iluso cree ser un conquistador nato, nadie le arrebata dicho título, el ejemplo se lo da Jimena que más que pasiva, dominada hembra, se ha convertido en una avispa con el aguijón clavado en la parte baja de la anatomía de Beto, una vampiresa chupa sangre, ahora el galán de marras sufre el acoso constante de su amante adolescente que en las escapadas fuera de casa lo acosa constante en las oportunidades que lo puede ver ya que debido en la fachada de empleo que tiene para ocultar el verdadero; pocas son las oportunidades de encontrarse y cuando es positivo el hecho, pide, ruega, exige aumente la cuota, exhausto, suplica, ahora sí, al Dios que reina el universo y se adora en los templos. La intrusión de Jimena en su burbuja imagina se expone sea descubierta sus actividades ilegales.

Nuria, aunque no se chupa el dedo, pese a la rivalidad filial, el amor es demasiado fuerte para desear un mal a su hermanita, la cual la madre la ha puesto a su cuidado, la certeza de que anda en pecaminosos caminos carcome el pensamiento, Lucas se ha metido con ella. imágenes mentales aparecen en cámara lenta en un abrazo ardiente y labios rendidos en el torbellino de la entrega sensual.

Se asusta pensar en esto, ha de hablar con Jimena y dilucidar el asunto, asentar la duda, o la realidad. reconoce no le es ajena la atracción visual del hermano de Sonia, la amiga, sólo pensar él pase la mano por su pelo, acaricie la mejilla, insinúe tocar el perímetro de los senos vírgenes, obligan gritar "te quiero para mí", el lamento mudo que la invite perderse en las profundidades del deseo carnal. Se asusta como se ha dicho, sin embargo, su padre, su madre lean su pensamiento se ahoga en el terror.

("—¡Ay dios, que estoy pensando! ", se dice. Observa desde su cama el sueño profundo de Jimena, de vez en cuando, suspiros largos y susurros ininteligibles llegan a sus oídos, Morfeo la mece, la arrulla con beneplácito.   De repente se levanta, se acerca a donde se encuentra la muchachilla ladrona, la sacude con fuerza despertándola.

—¿Quéee... qué, ¿qué, pasa? Asustada, para todos lados voltea. con un signo de interrogación en el rostro al saber Nuria la arrancado de su sueño, furiosa reclama.

("—¿QUÉ ONDA, POR QUÉ JIJOS ME DESPIERTAS? ¡IDIOTA!

—¡DIME! ¿Has tenido algo que ver con Lucas? ¡DÍMELO, MOSQUITA MUERTA!

—¡NO!, y si así fuera no te lo diría.

—Soy mucha pieza para esa cara bonita, esa pulga no brinca en mi petate. Suena tan convincente ella misma se lo cree, el intento se va de largo, Nulli acaba de descubrir de acuerdo con su observación su hermana miente, las palabras no corresponden al lenguaje temporal, buscará la forma de exponer la realidad.

("—... ¿Y si Jimena dice la verdad?" Piensa Nuria para sí.

—¿"No seré yo la que estoy exagerando?... Qué tonta he sido. A demás Lucas no me hablara como me habla, menos me mirara así, con tanta insistencia..."

("—Tal vez lo del beso y la cachetada en el callejón fue invento de Jimena, es una loca y con tanta imaginación..."

Así cavilaba Nuria, acomodando todo a sus íntimos deseos. Había oído de Jimena lo que en el fondo deseaba oír y sentía una euforia que la hacía andar de un magnífico humor. Cuando Lucas la volviera a buscar con la mirada le correspondería, y él se acercaría confiado, volvería acariciar su pelo y pasaría sus dedos por sus mejillas hasta tocar sus labios, ella no lo esquivaría...

Se miraba al espejo encerrada en el baño y se imagina a Lucas acercando sus labios a los suyos, susurrando el gran amor que guarda en su pecho para ella.

Sabe que es un encuentro inminente, así que está preparada, ya sin la sombra dubitativa que le atormentaba.

Ese viernes, Ángeles dejo la cama más temprano que de costumbre, Jerónimo se levanta tras de ella y con un beso en los labios le da los buenos días.

—*¿y ahora por qué amaneció mi ángel tan madrugador?*

—*Querido, es viernes 17, tendremos gente.*

—*Es verdad, ya no me acordaba, hoy vienen nuestros hijos mayores y el Novio de Alba y sus padres a pedir a nuestra niña...*

—*Y, ¿como ves si se las niego y los corro?*

—*¡Jerónimo!*

Exclamó alarmada Ángeles.

—Calma mi Ángel, estoy bromeando.

Le dijo mientras la abrazaba ya sin su pijama, totalmente desnudo.

—*Ya se mi Ángel que nuestros hijos tienen que hacer su vida, como nosotros, ¿te acuerdas?*

—*Aunque yo si me volé la barda... Mira que robarme tanta belleza ¡y sigues igual de hermosa!*

Y antes de empezar sus correspondientes tareas se fundieron en uno. Que mejor incentivo que llevar en su ser la fuerza de su amor que, si ya no juvenil, conservaba aún la llama del verdadero amor. De ese amor que ha sorteado tormentas y salido airoso.

Consumado su encuentro amoroso, procedieron a bañarse con prisa, sin dejar de conversar sobre el programa y las tareas del día.

—*Apúrate querido para que te desayunes antes de salir-*

—*No te preocupes mi Ángel, yo no tengo hambre todavía, voy a aprovechar para enviar el pedido de la Comercial del Noroeste, y como algo en la calle. Dame un beso. Más tarde me reporte.*

Jerónimo salió a su negocio y Ángeles se dirigió a la cocina.

Sacó a descongelar un jamón de pavo y puso a cocer una importante cantidad de papas, limpió unos ejotes frescos y también lis puso a cocer. Lavo unos cuantos camotes y los envolvió en papel aluminio.

Era un día especial y recibiría a sus hijos como se lo merecían. Preparó la carne molida con pan tostado y especias, sacó dos botellas de Lambrusco, puso a helar un galón de té.

Vio el reloj, eran las 6, inmediatamente sonó el despertador de las jóvenes colegialas, escolapias como le decía ella.

Pasado un rato salieron Nully y Jimena.

¡Hermosas, lozanas! pensó al verlas listas para irse a estudiar.

—*Buenos días, hijas, desayunen bien, ahí les puse unos hotcakes y un jugo de naranja.*

—*Gracias mami,* dijeron al unísono las jóvenes mientras se sentaban y algo apresuradas engullían su desayuno.

—*Huele a que estás cocinando algo muy rico,* dijo Jimena.

—¡Ap*uesto a que es Jamón de pavo!,* dijo Nully.

—*Así es hijas, más tarde llegan sus hermanos y quiero recibirlos bien. Además, no les he dicho ... Vienen a pedir la mano de Alba.*

—¡*Qué!,* exclamó Jimena.

—¡*Ni siquiera sabíamos que tuviera novio, mamá!,* dijo Nuria bastante asombrada.

—*Sabía que sería sorpresivo para ustedes, hijas, hace un año, cuando fuimos su padre y yo a la capital, Arturo nos pidió permiso para ser novio formal de Alba.*

-*y Papá que dijo? ¿Qué piensa?,* indagó Jimena.

—*Bueno él no dice nada, él sabe apreciar que sus hijas merecen lo mejor y Arturo es un joven preparado, es un médico muy amigo de su hermano Eliseo.*

Nuria y Jimena se despidieron de su madre y caminaron calladas hacia su clase. Se habían desayunado la sorpresiva noticia del inminente matrimonio de Alba y veían a su madre tan contenta y por conclusión su padre estaría igual.

La reunión fue de lo más amena, los padres de Arturo habían iniciado la ceremoniosa encomienda dada por su hijo de pedir a la bella Alba. Ángeles se había prometido grabarse todo muy bien, para cuando ella tuviera que pedir la mano de las novias de sus muchachos.

Don Arturo el padre, empezó, se puso tan nervioso que pidió a su esposa Amelia continuará con el discurso que en pocas palabras no fue otra cosa que: *"pedir a una joven llena de cualidades para un joven merecedor de la misma".*

Al final brindaron y pusieron fecha para la boda, que según lo que ahí se acordó se llevaría a cabo en 7 meses más.

—*Se van volando, dijo Ángeles.*

Efectivamente se fueron volando. 7 meses en los que Jimena siguió con sus citas a escondidas y Lucas con sus devaneos e indirectas a Nully cada vez que la tenía cerca.

Las salidas de Nully con Sonia y Marina se incrementaron. Jimena se alejó del grupo a "sugerencia" de su amado Lucas que le aseguraba que era para no despertar sospechas.

En realidad, el galán, aprovechaba para tejer su red alrededor de Nuria, que no terminaba de doblegarse a sus encantos

Muchas cosas han ocurrido en tan poco tiempo; la mudanza a nuevo lugar, nueva escuela para los retoños. amistades recientes, amores platónicos y físicos, la petición de mano de una de las hermanas., todo un ramillete de flores diversas. Volviendo al caso de las hermanas robándose el protagonismo y un tercero en discordia, el mencionado tantas veces, Alberto San Lucas, éste último, de mucha miel servida, está empachado que ya no desea más, Jimena, la amante desbocada resulta ser una acosadora pertinaz, no permite ningún minuto de respiro, como se dice en el lenguaje popular, no tiene llenadera, ella ha tenido suerte no ser atrapada con las manos en la masa, en fragancia. El pobre, el paupérrimo "querido" se hartó de queso debido a lo glotón, en el negocio del establecimiento en el cual labora le ha dicho al patrón, niegue que esté allí si ve aparecer a la joven enamorada y cuando cansado en el cuarto prestado si oye tocar, no responde, sabe quién es, Lucas (para la chica), se le alteran los nervios escuchar los toque a la puerta, la voz de la novia, por el otro lado, la esquiva Nuria todavía indecisa a los requiebros y devaneos de Lucas le da puras calabazas a al frustrado enamorado, se la piensa en dar el sí, aunque se muere por dentro caer en los brazos y en última instancia en el lecho del infame traficante de personas, ha escuchado la mala fama de seductor y pervertidor de menores. Siempre termina creyendo que son exageraciones de gente intrigosa.

Jimena, feliz con la compañía y el calor dado por el galán empedernido, disoluto y mujeriego las tardes por lo regular, ya que las noches no podría disponer de excusas y tiempo para ocultar sus escapadas, menos con el ojo avizor de la vigilante de Nully, resulta la fiebre ataca en los momentos más inesperados, en clase, en casa haciendo los quehaceres, y cuando no aguanta, so pretexto de un paseo, de una visita a Marina, a Sonia, si es afortunada en el caso de la hermana de Beto, si lo encuentra por casualidad, hace el movimiento su cabeza clásico para indicarle vayan al antro que tiene como dormitorio en la trastienda de don Poncho, en varias ocasiones se encamina directo donde sabe está. La actitud de la hija de familia rebelde fue del gusto del sujeto, (" —*Esta morrita es de arranque, la quiero para un buen rato.*

Nada de remordimiento de conciencia, hollar la virtud de la adolescente, ¡qué va, es un depredador, por supuesto, como animal de caza, no desprecia ninguna clase de presa. Ella, como un insecto atraído por la luz.

Por una luz intensa en medio de la oscura noche, igual que la mariposa que busca el néctar en el interior de una flor, ciega y directa es atrapada en la telaraña de la vil bestia, ¿Para que arrepentirse? si le gusta, se siente satisfecha, siempre que tiene intimidad se traslada al cielo.

Por supuesto, desconocía el estado de ánimo de su amante mayor, hastiado de la miel virgen, no la deseaba más, comenzó a rehuir la compañía femenina, los días de la semana el tiempo trabajando con don Poncho y luego reunirse con el Tarochi para recibir instrucciones donde recoger a las víctimas del trasiego ilegal de pasajeros para irse a "al otro lado".

El matrimonio formado por Ángeles y Jerónimo es una pareja muy religiosa, es raro falten a misa los domingos, asisten al primer oficio a las siete de la mañana, otrora lo hacían acompañados por toda la camada, ahora no, debido a las múltiples ocupaciones de la prole y cierto cambio de hábitos, no que abandonen sus convicciones religiosas, sea en casa, en el templo, oran por los hijos siempre marchen con honestidad, probidad y rectitud, oran por sí mismos, desde la petición de mano de la hija, los futuros preparativos de la boda religiosa, el matrimonio por lo civil lleguen por buen camino. la conversación entre ambos siempre se centra en la unión matrimonial de la pareja joven, esperan que el resto de los hijos mayores aunado a sus profesiones pronto anuncien la renuncia de su soltería a la vida de casados, sería la máxima felicidad de ellos; sus padres.

Jerónimo es de algún modo sexista, nunca permitió Ángeles al inicio de su vida conyugal al presente, Ángeles trabajase, con el desarrollo de su propio negocio de ventas de legumbres y vegetales, cosechar los productos en el terreno donde se asienta la casona y en las diez hectáreas de tierra que consiguió le cedieran los derechos ejidales.

Resultó había dado en el clavo porque le permitió mejorar su condición económica para él y su familia toda, permitió cada uno de ellos pudieran asistir a la escuela para graduarse de la Universidad y Normal, los demás, los más pequeños continuar la educación secundaria y preparatoria, en las tardes relajándose de las labores diarias, leyendo el periódico, o alguna revista, bebe Jerónimo su acostumbrado vaso con brandy, piensa y lo conversa con Ángeles el ya próximo desenlace de Alba y Arturo. ambos, los padres de Alba recordaron el azaroso camino recorrido por la hija casadera en las primeras etapas de la adolescencia a la de la juventud. Una compañera del segundo año de secundaria la sonsacó para hacerse la "pinta", yéndose de vagas a ciertas tiendas de moda juvenil y siendo convencida de fumar marihuana por la amiga de conducta dudosa, allí empezó el desvío de las buenas costumbres sus padres le inculcaron, beber alcohol con chicos de su edad o más grande, Ángeles primero notó el cambio de conducta, la interrogó, la respuesta fue "no pasa nada má", sin embargo, el olor de la ropa al humo del tabaco y la mentada "mota" y cierto olor a licor, la delataban.

El colmo de la preocupación de Ángeles que se había guardado de confiarle sus temores al esposo sucedió cuando el director de la escuela llamó a Jerónimo y Ángeles se presentaran a la dirección para notificarles su hija estaba suspendida por mala conducta y faltas a la moral con un dizque novio.

—*Ángeles, ¿por qué no me dijiste está ca... andaba en malos pasos?*

—*Es que no quería te mortificaras y te enojaras, quería primero darle consejos y reconvenirla se alejara de esas amistades.*

—*Pues hiciste mal, ¿ya ves?, hasta donde llegó tu hija.*

—*Perdóname, metí la pata, te recuerdo alba también lleva tu sangre.*

—*Recibí un reporte Alba y otra alumna fuman yerba, ustedes saben, cannabis indica fuera y dentro del plante y lo peor de todo, se descubrió cometiendo actos lascivos con otro condiscípulo en el mismo salón de clases.*

Con estupor y asombro escucharon la grave acusación contra Alba presente en la cita con el director.

—*No la expulsamos por consideración a ustedes, no habíamos tenido ninguna queja, el promedio de sus calificaciones es aceptable, queremos que con la suspensión de una semana recapacite de sus acciones y ustedes queridos señor y señora aconsejen a su hija. ¡Buena suerte! Nos vemos dentro de una semana.*

Terminó la junta, de regreso a casa, la mamá venía llorando, Jerónimo retando contra el nefasto comportamiento de su Albita. Padre y madre dictaron sentencia, durante esa semana nada de teléfono, nada de ir y recibir visitas, cortar de tajo la relación con el supuesto novio, permanecer en casa todo el tiempo, hacer los deberes domésticos, no ver televisión, no escuchar la radio; duro castigo para una jovencita y ¡ah! Si no se compone la sacan de la escuela y la mandan a un internado.

Aprendió la lección, de ahí para adelante cambio el comportamiento de hija rebelde y desordenada a una joven modelo obediente y estudiosa.

La familia en su totalidad, entusiasmada, ultimaron los detalles, a posteriori a la ceremonia religiosa, el día antes, los novios, los hermanos y hermanas de ambos, los consuegros, puntuales, se presentaron ante las oficinas del registro civil a las nueve de la mañana como habían convenido, el futuro marido llego con la resaca, sin embargo, lleno de felicidad saber que por fin iniciarían, firmarían un contrato matrimonial para toda la vida. por su parte, Alba, da gracias al Todo Poderoso por llegar a este punto. Con los que llegaron puntuales y los que siempre llegan tarde, incluido el novio, el juez inició la ceremonia civil, la firma de los contrayentes, los testigos, se declararon marido y mujer. dentro de los presentes alguien grito:

¡¡BESO, BESO!!

Acercaron los labios, Alba se percató del aliento del flamante esposo, murmuró enfadada:

—*¡Ya ni la friegas Arturo! ¡como hueles! Ojalá que mañana te laves los dientes.*

Fingiendo una sonrisa, en vez de un beso en los labios, Alba besó la mejilla de Arturo.

¡EN LA BOCA, EN LA BOCA!

Se volvió a escuchar el grito entusiasmado del público presente. Las hermanas en permanente rebeldía fijaron sus miradas en ellas mismas, diciéndose mutuamente por telepatía:

(*"—La siguiente soy yo con el Lucas"*.

La otra:

(*"—Yo también me casaré, por las dos leyes, ojalá sea con Lucas.*

Después que abandonaron la oficina del registro civil, la pequeña caravana se dirigió a casa de los suegros de la muchacha recién casada, una residencia amplia, bien amueblada, patio grande y jardín amplio, una alberca donde novios, familia, parientes disfrutaron un suculento ambigú modesto. mañana tendrá otras dimensiones y ambiente de fiesta, con mariachi y un grupo de música romántica, hoy, solamente las melodías son en estéreo a través de chips.

Cabe notar, el novio tiene otras creencias religiosas diferentes a la de su novia Alba, por lo que Arturo por el amor profundo a su esposa por lo civil, acepta en aras del amor y la civilidad no entrar en conflicto en que mi dios, que el tuyo es el verdadero, después como es lógico habrán de dilucidar la esencia verdadera de la fe, por lo pronto, enfocan toda su energía en el próximo paso a dar. El sacerdote tiene una impecable puntualidad, varias parejas en el pasado remoto y presente se han visto amonestados por ser impuntuales a la hora fijada para la ceremonia, en especial los jóvenes. Los padres de Arturo rogaron, pidieron, exigieron no se retrasará tan siquiera un segundo con el compromiso. Los pajes, los pajes atrás de los novios sosteniendo el vestido a la novia las damas de honor de la feliz novia, los amigos del novio forman parte del cortejo matrimonial.

A duras penas siguen el protocolo, con disimulo y descaro durante la Marcha Nupcial del compositor alemán Mendelssohn giran la cabeza a todos lados para saludar a los conocidos y familiares asistentes a la boda y hablando entre dientes con los demás participantes en el acto religioso, el sacerdote muy serio cada uno tome su lugar para iniciar la misa. Nuria y Jimena, por supuesto, forman parte de la comitiva, coincidencia mientras se desarrolla la ceremonia, las dos piensen en el sismo sujeto.

El día anterior, por separado y a una hora diferente las dos se dieron cita en la casa de Sonia, so pretexto de ultimar detalles de su participación y estar seguras de la asistencia de Lucas, el interés de ambas: sea el compañero de baile. Jimena además del baile, antes o después, obtener gratificación a través de sesión amorosa y la Nully con el mismo propósito con el agregado darle al manirroto las facilidades le proponga ser su novio.

Los orgullosos padres de Alba no caben de felicidad ver a su hija casada como debe de ser, los de Arturo no se quedan atrás, porque a decir verdad es una verdadera belleza la flamante esposa, la nuera de sonrisa contagiosa, supo rectificar el rumbo disoluto de su despegue a la vida social.

En el podio se encuentran instalados los miembros de ambas familias disfrutando la cena y las diferentes bebidas, en las mesas restantes los invitados, en una de ellas, la de Sonia y Lucas; entretanto el mariachi contratado deleita a la concurrencia, el otro grupo musical romántico se prepara para iniciar el baile, luego termine el turno de las canciones vernáculas.

Jimena es la primera que rauda y veloz se incorpora de la silla, se dirige a la mesa donde se haya su amante, saluda a la familia, hay un intercambio breve de palabras, al parecer el breve diálogo cambia la sonrisa de la joven, se ve molesta, irritada, da la vuelta y en lugar de regresar a la mesa se dirige a uno de los tocadores del lujoso casino, cerrada la puerta no se sabe que es lo que hace. Para Nully, no pasa desapercibido la escena de la hermanita con Alberto, con mucho disimulo sin apartar la vista del pretendiente de sus amores, los latidos de su corazón sufren una un acelerado tic tac cuando se acerca a la mesa,

Lucas con la mirada iluminada se pone de pie y saluda atento a Nuria y en decidido arranque extienden el brazo y la invita a bailar la primera pieza, por supuesto ella acepta la invitación y van al centro de la pista tomada de la cintura por una mano y la otra entrelaza los dedos con su acompañante.

Era aquella pieza muy romántica, así que Lucas tomo el talle de

Nully y suavemente se fueron confundiendo entre el resto de las otras parejas que ocupaban la pista. Para Nuria a partir de aquel apretón que reclamó su cuerpo, dejó de existir el mundo, cerró los ojos y escondió su cara en el pecho de Lucas que suavemente la conducía a un imaginario y romántico universo, donde existían ellos dos. Ni siquiera se percató de la mirada inyectada de por los celos que Jimena les tenía clavada.

—*Te gusto como compañero de baile? Nully.*

—*Bueno, después de mis 15, es la primera vez que bailo, me imagino que ya lo habrás notado.*

—*No, para nada Nully, bailas muy bien y ¿te digo algo?*

Nuria levantó la vista y quedó en espera de que le dijera lo que él quisiera, mientras aspiraba su aliento y el aroma del Aramis que envolvía a su pareja de baile

—*Siento que he vivido toda mi vida, sólo para sentirte así en este momento, sólo para sentir la tibieza de tu cuerpo y ver tus bellos ojos tan cerca de los míos.*

*Nuria se quedó muda, de pronto no sabía que contestar.*

—*Por favor, Beto, calla, mejor llévame a mi mesa, suplicó.*

—*Perdóname, no quise ofenderte Nully, si te parece olvida lo que te dije, no lo tomes en cuenta, no me prives de tu compañía, no me lo perdonaría.*

—*Está bien, terminando la tanda me dejas en mi mesa y te buscas otra compañera, no me siento bien.*

Lucas atrajo aquel cuerpo frágil y esbelto hacia sí, ella volvió a esconder su cabeza en aquel pecho varonil que ahora lo sentía agitado y vibrante.

Jimena había seguido cada movimiento de la pareja y decidida fue y se puso junto a su madre que en compañía de su padre departían con los consuegros. Jimena de una manera por demás impropia se acercó al oído de su madre y susurró a oído tres palabras y se apartó:

—*Tienes que ver a Nully.*

Ángeles ante aquellas palabras, en las que notó algo alarmante, ¿trató disimular su inquietud... Jerónimo se acercó a ella y aprovechando el ruido de la música le pregunto:

—*¿qué pasa, mi Ángel?*

—*Nada querido, Jimena quiere presentarme una amiguita, ya vuelvo.*

—*Ya vuelvo consuegros, no me tardo.*

Se levantó de la mesa y buscó a Jimena con la mirada, la cual estaba parada a la orilla de la pista mirando en una dirección.

—*Jimena, Que pasa hijita ¿dónde está Nully?*

—*Ahí la tienes mamá, mírala cómo baila con Lucas, mamá ni siquiera son novios. Qué va a decir la gente, quisiera que me tragara la tierra... ¡Qué pena mamá!*

Ángela pensó que Jimena exageraba, antes de juzgar a Nuria decidió poner atento cuidado a la pareja de bailarines.

—*Hija, dile a Nuria que venga aquí inmediatamente.*

—*Bien mamá, te pido que no le digas que yo te dije. Me va a agarrar tirria.*

—*No te preocupes hija, anda ve.*

Jimena rio para sus adentros corrió a interrumpir aquel sensual baile que la traía envenenada. Fingiendo una serenidad que estaba lejos de sentir se acercó a su hermana y a Lucas:

—*Nully, hermana, te habla mamá.*

Nully sobresaltada mira a su hermana con signos de interrogación.

—*Ay hermanita, vete preparada, mamá tiene rato que no te quita la vista de encima...*

—*No estamos haciendo nada malo muchachita,* dijo Lucas, *yo iré con tu hermana.*

—*¡No! Yo iré sola, ustedes espérenme en nuestra mesa por favor,* dijo Nuria y salió a prisa en busca de su progenitora, dejando a Jimena con Lucas.

—*Lucas, ¿qué te pasa? ¿Qué haces bailando toda la tanda con la mensa de la Nully? ¡Explícame! ¡Ni siquiera me has mirado! ¿Por qué me haces esto? ¡Contesta!*

Jimena se notaba bastante alterada, mientras Lucas le hacía señas con los ojos para que guardara compostura.

—*¡Por favor nena, baja la voz!,* dijo Lucas en susurro.

—*No la bajaré si no me dices que me darás una explicación! ¿Qué te traes con mi hermana?*

—*Ven, acompáñame vamos a tomar aire.*

Y tanteando el terreno viendo que nadie les estaba poniendo cuidado tomo a Jimena del brazo y la obligó a caminar hacia la puerta de atrás del gran salón, una vez en la calle empezó a caminar a tranco largo alejándose del salón, obligando a Jimena a casi correr tras de él.

—*Espérame, Lucas. ¡Necesito que me expliques tu comportamiento!*

Lucas disminuyó el paso y la encaró tajante:

—*¿Qué quieres? ¿Verme en el bote? ¿Eso quieres? ¡Contesta! ¿Pretendes que esté entre tú gente y que les grite que eres mi amante? ¿Que todos sepan la menor hija de los Priego ha sido seducida por mí? ¿Sabes cómo lo van a tomar? No les va a importar que tú me ames o que tú te me hayas ofrecido... ¡No! Dirán que yo te Violé y entonces yo al bote y tú muy a gusto serás tratada como la víctima... Mientras a mí me echen 10 años de encierro... ¿Eso quieres?*

Jimena tenía los ojos muy abiertos, nunca había visto a Lucas tan enojado

—*Por supuesto que no, yo quiero verte en la cárcel, perdóname, verte con la Nully bailando tan, tan.*

—*¿Tan qué? Deberías de agradecer que yo te ignore. Mientras no cumplas los 18 no podemos hablar de lo nuestro, por tu bien y reputación y, por mi libertad.*

Seguían caminando entre un franco reproche del galán ofendido y el ruego y súplica de perdón de la precoz chiquilla.

No supo Jimena cuando llegaron a aquel callejón donde la obscuridad los envolvía, ella lloraba y le suplicaba perdonará su imprudencia, él indignado se negaba a escucharla.

—*Por favor, Lucas yo no puedo vivir sin ti, te prometo nunca más reprocharte nada, hasta que tú veas prudente anunciaremos lo nuestro.*

Crecido y sintiendo cómo dominaba la situación, se acercó a Jimena y tomándola de los cabellos la obligó a levantar su cara hacia él hablándole de una manera que ella no comprendía, sus ojos tenían un brillo especial y lascivo cuando le dijo.

—*¿Sabes dónde estamos, nena? Ni más ni menos que en el callejón de la cachetada, ¿lo recuerdas?*

Y mordiendo con deseo sus labios continuó:

—*Ahora me la cobraré.*

Y girando de pronto el cuerpo de Jimena la fijo contra la pared mientras preparaba la venganza por la cachetada recibida. Ella quiso gritar al sentir la estocada, Lucas le había puesto su mano bruscamente y con fuerza sobre su boca. Mientras perpetraba su acto vil y falto del más mínimo detalle romántico le repetía al oído:

—*Esto te enseñará respetar a un hombre macho como yo.*

Terminado todo Jimena con los ojos llorosos y adolorida terriblemente se vestía apresurada.

—*Por favor, Lucas, no vuelvas a hacerme esto, yo te amo, ¡no me lastimes así!*

—*No llores como niña, ya eres una mujer. Yo te doy lo que quieras y cuando quieras, ¡ compórtate a la altura o te vas olvidando de mí!*

—*Lo que tú digas,* dijo mientras caminaban apresurados al salón.

—*Entra por la puerta de atrás y métete al baño y ahí te quedas hasta que alguien te busque. Yo entraré por enfrente y seguiré fingiendo un cortejo a Nully... Te conviene y piensa que me sacrificó por ti, por tal de que nadie hablé mal de ti.*

—*Está bien,* dijo sumisa Jimena y echó a correr para entrar por la parte trasera del salón.

Alberto San Lucas, Se felicitaba interiormente por la manera en que controló la situación mientras entraba al salón y absolutamente despreocupado buscaba cuidadosamente la ubicación de Nuria. La vio en la mesa donde estaba Sonia y Marina, dirigiéndose con un paso seguro y displicente hacia ellas. Nuria inmediatamente lo interrogó:

—*¿y Jimena? Se quedó contigo. ¿Dónde está?*

—*No sé, ella se fue diciendo que iba a ver qué te había dicho tu mamá... Por cierto, ¿todo bien, Nully?*

—*Sí, tuve una larga conversación con mamá, de hecho, hace unos* quince minutos me dejó por la paz ¡jaja!, rieron de buena gana

—Lo extraño es que no he visto a Jimena.

—A lo mejor fue al tocador, ¿ya la buscaste ahí?

—No la he buscado, estaba pensando que andaba contigo, que estarían bailando.

—Si yo bailo será contigo Nully, ¡con nadie más!

—Acompáñame Sonia, vamos a ver si Jimena está en el tocador, no tardan en anunciar el baile del cortejo y ella y yo tenemos que salir.

Al entrar al baño, se topan con Jimena.

—Te andamos buscando niña! Le dice Nuria.

—No soy ninguna niña!, le grita en respuesta Jimena, que se enfada al recordar que Lucas también le dijo que era una niña.

—No te molestes hermana, te andamos buscando y pues qué bueno que estás aquí y bien.

—¿Y quién te dice que estoy bien?

—¿Qué te pasa Jimena?

—Perdón, Nully. La verdad ya tengo rato aquí me he estado sintiendo mal de mi estómago y me enfada que pienses que estoy bien. yo soy la que estoy mal, ustedes no son adivinas.

—¿Quieres que me quedé aquí contigo?

—No Nully, estaré bien, gracias y, a ti también Sonia por preocuparte y acompañar a Nully, me siento mejor, vayan al salón ahorita las alcanzo.

—Apúrate por favor, Jimena, ya van a presentar el cortejo.

Presentaron el cortejo y Jimena se dio a ver en esos momentos. Continuó fingiendo sentirse mal.

(''—Me estoy sintiendo verdaderamente mal, creo que voy a vomitar, qué poderosa es la mente creo que me he sugestionado'', pensó al momento de empezar a arquearse para deponer en la toilette.

Todo ese tiempo Lucas estuvo sentado a la mesa con Nuria, aprovechando todo momento para expresarle cumplidos y halagos, pues ella decidió obedecer a su madre de ya no bailar con el joven.

—Mi Ángel, Aurora anda bailando muy contenta no veo a Nuria ni a Jimena, ¿pasa algo?, pregunto Gerónimo a Ángeles.

—*Querido, Nuria está en la mesa y Jimena en el baño no te preocupes.*

—*¿No están bailando? En nuestros tiempos no hubiéramos dejado pasar una sola tanda, es más vente, mi Ángel, ¡vamos a bailar!*

—*Vamos, los consuegros ya rato que nos ganaron, te estabas tardando.*

En uno de los pasos del baile quedaron frente a la mesa de los jóvenes y Gerónimo ya animado por las copas los animó a gran voz:

—*¿Qué hacen ahí? Vénganse a bailar, no se me raje vecino, anda Nuria, mija, es tiempo de estar alegres acompañando a los novios.*

Lucas se levantó inmediatamente y tomó a Nuria de la mano.

—*Vamos Nully, tu padre tiene razón.*

Ella buscó los ojos de su madre, la cual por tal de evitar explicaciones le hizo un gesto de aprobación.

Está por demás dar detalles de lo que aquel don Juan aprovechó al tener a Nuria tan cerca. La estrechó al grado de hacerla sonrojar para después pasar sus labios por su cara y su cuello cuando nadie los veía, pues el salón de baile estaba en penumbras. Ella no oponía gran resistencia sabiendo que el encanto estaba a punto de romperse, pues el baile no era eterno y a las dos de la madrugada terminaba el festejo.

De pronto, unos minutos antes de que terminara el baile, Lucas viéndola fijamente a los ojos le soltó la más anhelada interrogación:

—*¿Quieres ser mi novia?*

(*"—Por supuesto que sí, con toda el alma"*), pensó Nuria, sin embargo, su cordura alcanzó a responder:

—*No sé, la verdad tendría que consultarlo con mis padres. Si ellos me dan permiso, entonces.*

—*Nully, por favor, tu felicidad no puedes basarla en opiniones de terceros, yo te amo y sé que tú a mí, no tienes por qué esperar a lo que digan ellos, tú eres mayor de edad. No entiendo.*

—*No seas egoísta Beto, no es tu felicidad y la mía, es la de mi familia también, yo necesito su aprobación y sobre todo la bendición de mis padres. Aunque yo creo que te amo, ¡no pasaría por encima de ellos!*

Lucas guardó silencio. Aquella respuesta le agradó, así quería una mujer y así se imaginó a sus hijos e hijas, con aquella convicción y reverencia con que Nully se expresaba de sus padres, así deseó en ese momento, si tenía hijos, era ella la madre perfecta, quien los educaría con esa reverencia para él, se lo prometió así mismo. Se acercó y acarició su cara y su pelo como lo hizo la primera vez.

—*Está bien Nully, esperaré. Por ti esperaré hasta que tú quieras.*

En eso tocaron el cierre de tanda y los músicos despidieron a los invitados.

—*Nully, la próxima vez que bailemos, quiero que ya seamos novios. Habla con tus padres y tú me dices qué día vengo y les pido permiso para ser novios, yo no le saco y quiero que sepas que no estoy jugando y yo sí estoy seguro de mis sentimientos. Mañana te llamaré a tu celular.*

—*Está bien, mañana temprano hablaré con mi madre y te tendré fecha, si ellos aceptan que vengas.*

Se despidieron de un beso en la mejilla como siempre, el aprovecho para susurrarle:

—*La próxima vez que te vea mi beso será en tus labios, te amo.*

A veces las cosas más escondidas, más secretas, están a la vista de todos, a plena luz del día, tal es el caso de Lucas Alberto, le robó el sueño, el futuro prometedor, el florecimiento de la flor tierna desflorada a destiempo; pobre Jimena, guiñapos son los pétalos esparcidos sobre el suelo que más adelante el vientecillo los llevará al confín del olvido. Nuria, dada el protectorado llamado Jimena cuya misión, salvaguardar la integridad y el patrimonio de su corazón la hermana mayor ha fracasado la encomienda sobre la hermana menor. Ninguna de las dos se da cuenta en la vorágine que las metía el patero con su labia traicionera, primero a la menor le hizo saber que hay un cielo con estrellas donde la elevó y pronto habrá de caer estrepitosa al suelo ríspido y pedregoso, a Nuria que con un sí y un beso en la mejilla temporal, el galán mentiroso, virtual le promete la luna y sus tesoros, estampa los dos nombres en el diario de las desdichadas amantes.

—*Eres mayor y te agradezco la confianza, que me pidas el visto bueno para que seas novia de ese muchacho, en lo particular siento cierta simpatía, sin embargo, sólo pensar que sea tu novio, varias palomitas revolotean mi estómago, ¿ya te diste cuenta de tu hermana, Alba?, por no construir un lazo de confianza casi se nos pierde en la promiscuidad, los vicios, las malas amistades, lo bueno es que recapacitó y mírala ahora, casadita, buen marido, estable económicamente, eso es lo que quiero para ti, por eso te doy permiso, yo me encargo que tu padre también lo acepte.*
Fueron las sabias palabras de la conversación entre Ángeles y Nully. Después de una noche plena de felicitaciones, abrazos, besos y muchos deseos buenos a los contrayentes, al día siguiente de la boda y la celebración se dio la charla, los demás miembros de la familia, desvelados, crudos. sin ningunas ganas de levantarse no se enteraron de lo que platicaron las dos mujeres, menos Jimena, llorando de rabia, coraje, rumiando de desesperación por el fracaso de sus planes, casi rayando el Sol cae dormida, se promete hablar seria con Beto acerca de su relación con ella, presiente pronto va a desecharse, de ninguna manera dejará el camino a otra cualquiera. aunque pronto cumplen un año de relación, a instancias de Lucas, no se ha preñado.

—*Por ningún motivo me vayas a salir que vas a tener un hijo mío y con ese pretexto obligarme a que me case contigo, no quiero compromisos de ese tipo porque te mando a la chingada.* Recordó Jimena la tercera sesión de amor entrambos. hubo que agenciarse como pudo de protectores de plástico.

Nuria, toda llena de felicidad así misma se dice:

("—*¡Qué suerte me cargo, qué hombre tan varonil, seré la envidia de todas mis amigas!*"

Tarde se le hace correr y gritar

"*¡—Mundo, ¡ya tengo novio!*"

*A*unque todavía no da la noticia a su cuasi novio, Jimena, los ojos rojos por la desvelada, hinchados los ojos por el mucho llorar, del berrinche sentir no le hizo caso al deseo de pasar una noche, o para ser preciso varias horas con el que está enamorada; Alberto san Lucas, su Lucas para ella, sin imaginar el oscuro propósito de desecharla llegado el momento y repetir el mismo acto con su hermana mayor. la mayoría que la rodea la tildan de arrebatada, impulsiva, propensa a los tropiezos de tipo romántico, por el lado de Nuria; muchacha centrada en sus ideas, bien conducida, modelo de hija ejemplar, estudiosa, de moral intachable. Bien se dice las apariencias engañan, sin embargo, tan igual una de la otra, se conducen cual gatas en el terreno del amor a causa del delincuente que las trae locas por sus encantos.

En el pasado inmediato la rivalidad fraternal centrada en chiquilladas, en roces de personalidad, del complejo de inferioridad de Jimena en relación con Nuria, la proximidad de los acontecimientos del futuro presente, el choque de la verdad que puja salir a la superficie poniendo al descubierto el hilo suelto conductual a la telaraña creada por Lucas en detrimento de las hermanas.

—*Viejo, desde ayer percibo el ambiente huele a rancio, tengo el presentimiento que algo ocurre en la familia, no se querido, tengo un mal presentimiento.*

—*¡Ay, mujer, siempre con tus corazonadas! ¿A qué te refieres?, ¿a la familia, nuestro negocio, de qué pues?* Pregunta Jerónimo, dejando la copa de licor sobre la mesa y mirando directo a su consorte.

—*No sé, amor, no lo sé, hay algo en el ambiente.*

Tengo una buena noticia, mis padres dieron el permiso que seamos novios. El "barba azul", después de escuchar la noticia, extiende los brazos para darle un fuerte abrazo complacido. Que Nuria sea su novia, su amante un poquito más adelante, porque eso de andar de novio, de manitas sudadas, de besos en la mejilla no es su estilo, él directo al grano; poseerla lo más pronto posible. Jimena, en un descuido de Jerónimo y Ángeles y de la supervisión de la Nuria, se escapa corriendo donde sabe se encuentra hasta el ahora amante, la intención es reclamar sentirse abandonada, ignorada, exigir explicación por el repentino cambio de actitud, el menosprecio el día de bodas de su hermana Alba. no lo encontró, empeñada en su propósito de verlo, dispone esperar aparezca para que aclare, diga la verdad de lo que está pasando.

—*¿Qué haces aquí? Deberías estar en tu casa, es muy tarde para que andes en la calle.*

—*Quiero que hablemos de lo nuestro, ¡qué malo eres! Me mandaste al diablo con tu desprecio. ¡Mira que picarme los celos con mi hermana, se supone que somos am…, novios, bueno, somos más que eso!*

—*¡Ah, eso! Peccata minuta, ¿qué es eso?*

—*¡Qué inculta!*

—*No me cambies el tema, explícame, exijo me des una explicación, baile y baile con la Nully y yo pintada en la pared, eres un hijo… ¿piensas hacerme tonta con mi propia hermana.*

*¡TÚ Y ELLA ME LA VAN A PAGAR!*

—*¡¡PÉRATE, PÉRATE, AQUI NO ME VAS A VENIR A GRITAR!!*

*Yo hago lo que se me da la ganas, y si no te gusta, te me vas yendo a donde tú ya sabes.*

Lucas, truena los dedos y señala la calle, ya que la airada conversación se da en las afueras de la trastienda donde se hallan los dos. El rostro, momentos antes furioso de Jimena, se torna en un mar de llanto el escuchar la manera en que contesta el hermano de su amiga Sonia; impulsiva, ahora ruega, suplica, en un arrebato desesperado, lo abraza fuerte, posa la cabeza en el pecho del cruel enamorado, solloza incontrolable, por suerte a esa hora de la tarde, nadie pasa ni cruza la calle por lo que el drama que se desarrolla sólo es entre ellos y sin testigos.

Pasados varios minutos, Lucas, hipócritamente la invita a pasar a la casucha prestada.

—*Entra, no quiero nos vean gente curiosa, o alguien nos conozca.*

Al cerrar la puerta, Jimena todavía en lágrimas permite las manos del sujeto depravado la vaya desvistiendo con el claro intento de hacer el amor, dócil, sumisa, se refugian en el lecho dándose besos profundos y ardientes.

Le apuraba el encuentro con su amante, apaciguar la inquietud, la desazón de perder "el amor" del pervertido Lucas que la preocupación de la familia por la inestabilidad emocional de la ligereza de pensamiento de la joven, la muestra es lo que acaba de ocurrir, llega con los tambores de guerra y acaba en una escaramuza corporal izando la bandera blanca.

Los progenitores se sienten desarmados de argumentos para enderezar la actitud de Jimena, están en un compás de espera. Acostumbrada, pese a los arrebatos de imprudencias, piensa en qué excusas presentar cuando regrese tarde a casa.

—Jimena, Jimena, despierta, ya tienes que irte, ¡JIMENA, DESPIERTA!

Confusa y con la mente perdida, abre los ojos sin saber dónde está, tras varios segundos, recobra la lucidez.

—¿Qué, mi amor, que sucede?

—Tienes que irte, yo tengo cosas que hacer, anda, otro día nos veremos.

—*¿Qué horas son, Lucas?*

—*Pasadas las 10. ¡Apúrate!*

—*¿No me vas a llevar?*

—*Nena, tú llegaste sola. Yo tengo mucho qué hacer y no puedo entretenerme, anda, no está tan lejos.*

Jimena no lo podía creer, se le quedó mirando con coraje, no dijo nada. Terminó de vestirse, alisó su cabello y salió.

La noche estaba fresca, le agradó el viento frío que se colaba entre su ropa, no pensaba tanto en cómo dar la cara ante su familia. No tenía importancia, algo se le ocurriría. Lo que, sí tenía que urdir y pronto, cómo despertar de nuevo el interés de Lucas por ella. Sentía que lo estaba perdiendo y no entendía en que había fallado.

Cuando llegó a su casa la escena de alegatos fueron los de siempre, Jimena en franca rebeldía decidió dejar a su madre con la palabra en la boca, así que después de dar su trillada explicación sobre su caminata, su enfado y su encierro, su progenitora apenas empezaba con el consabido sermón. Dio Media vuelta y caminó a la recámara dando por terminada la plática con un "buenas noches, mamá".

—*Deja que llegue tu padre, niña rebelde,* masculló Ángeles, con un gesto de hartazgo y cansancio cuando se dirigía a su alcoba.

Jerónimo llegaría de madrugada, le había tocado supervisar el recorrido de los dos tráileres de su propiedad, las verduras que se entregaban en diferentes ciudades vecinas.

Muy pronto la casona blanca volvería a engalanarse, con dos bodas de los Priego Balsero: Caleb el mayor y, su hermana Aurora con sus respectivas parejas, acordaron casarse el mismo día. La Novia de Caleb, Brígida, era una psicóloga oriunda de ese lugar y Leonel el novio de Aurora era capitalino, un joven pasante en derecho. Esta última pareja habían sido grandes amigos durante sus estudios universitarios, fue hasta la graduación de Alba que se dieron cuenta de que estaban enamorados.

Así, la boda se llevaría a cabo ocho meses después de la de Alba y Arturo, por supuesto, después de todos los protocolos cumplidos.

Jimena y Nuria ya tenían listo su Atuendo para el evento. Esas serían también las últimas vacaciones de Nuria en casa, pues ya iría a la universidad. Jimena cumplirá 17años estaba por iniciar el cuarto semestre de bachillerato, no dejaba de sentirse aliviada al pensar en la inminente partida de Nully.

—*Nully, ¿ya le dijiste a Lucas que te irás a estudiar?*

—*Por supuesto, Jimena, él sabe que primero es mi preparación, si me ama me esperará... De hecho, casi lo convenzo para que termine la prepa y que haga una carrera.*

—*¡Estás loca hermana! ¡Qué va a andar estudiando, si es un pelado!*

-—*Yo lo convenceré, ya lo verás.*

—*Bueno, allá tú y tu sueño guajiro.*

—*Jimena. ¡Qué manera de fastidiar, no volveré a contarte nada!*

Nully se quedó profundamente dormida, en tanto Jimena, con la rabia de haber sido echada del cuarto de su amado, Pensaba, urdía, maquinaba...

*(¡"—Ya sé! Despertaré sus Celos. Haré que me vea interesada en otro. ¡Tiene que sentir lo que yo siento cuando está junto a Nully!"*

No cabe duda de que no se puede jugar con los sentimientos, las pasiones de la juventud, el despertar sexual de las dos hermanas, de esta manera el triángulo amoroso entra a un campo de batalla, a una colisión con resultados catastróficos. Alberto San Lucas, es un desquiciado mental, convertir en su amante a una menor de edad, Jimena, y a Nuria, la hermana mayor, en su novia con la intención de convertirla en su amante como lo hizo con Jimena. Hasta ahora los planes le han salido a la perfección.

Sólo que con Nuria el camino no es igual de fácil que con su hermana. Nuria depende siempre del visto bueno de su madre y eso lo ofusca, aunque íntimamente le atrae la idea de que siga así y tenerla como candidata para hacerla su esposa, que ella no ceda le hace desearla más. Así es que el don Juan una virgen en el altar.

Jimena sigue madurando su plan para enloquecer de celos a "su" Lucas; él tiene que experimentar ese tormento, esa mordedura que a ella la hace morir cada día. Ha descuidado sus estudios, aunque sus calificaciones son buenas, ya no son las mejores, sus citas ocultas absorben sus pensamientos y la hacen sentirse protagonista de la más interesante novela romántica.

Alberto San Lucas, por su parte está planeando cómo deshacerse de la exigente amante y le plática a su patrón el Tarochi, con el que se ha hecho de grandes confianzas, del "lío de faldas" en que está metido.

—*Jajajá, ¡ah qué mi Beto! Se ve que no estás preparado para manejar esta situación ja jajá. Ni te preocupes, es de lo más fácil. ¿Ah qué hora va a estar la morrita enfadosa en tu cuarto, a qué hora irá a buscarte?*

—*Cómo a las ocho, ocho y media me cae casi a diario. O si no se cuela las primeras horas de clase y me cae cuando estoy más a gusto a las 7 de la mañana, ¡es una calilla! ¡Neta!*

—*Ok, mira le voy a hablar al danés, para que la reciba y se haga el que te está esperando, y que le suelte la jauría.*

—*¡Mmm! ese no deja una pa' comadre, así que, si no te importa, puedes caerle en el momento en que te esté acomodando una buena cornamenta, ha jaja.*

—*¡Que pasó Tarochi, ¡qué pasó! ¡Más respeto! Ouch! Hasta los sentí,* dijo Beto sobándose la frente.

—*Entonces así quedamos mi Beto, yo te aviso cuando el danés esté listo. Por lo pronto te encargó a los cabureños que acaban de llegar, y ten cuidado, me dieron el pitazo que anda un perro olisqueando alrededor.*

La fiesta fue más grande, pues era doble boda y las familias se veían radiantes de dicha. Alberto San Lucas y Nuria ya eran novios formales y bailaron felices sin acordarse de Jimena quien no perdió detalle de lo bien que hacía el "papel de enamorado" con su hermana su amado Beto.

Fue una noche perfecta para todos, Aurora Lucía bellísima y feliz con su novio Leonel, ahora esposo, que no era un adonis, la felicidad favorecía bastante su personalidad y su poco agraciado físico.

Caleb, por su parte, bien parecido y con una personalidad arrolladora hacia la pareja perfecta con Brígida, una pelirrojo muy atractiva y simpática que se había ganado el corazón de su nueva familia política.

Cuando Alberto salió del baño, caminó a la mesa donde acompañaba a Nuria, sintió el Jalón en su espalda; al voltear vio a Jimena con cara de pocos amigos.

--*Te veo muy feliz, "mi amor", le espetó Jimena, ¡no has volteado a verme ni una sola vez!*

—*Eso crees tú, nena y aunque no te miro no te me quitas de la cabeza, ahora, te he dicho que mientras tú no tengas 18, yo soportaré a la sosa de tu hermana, por tal de estar cerca de ti todo el tiempo, aunque tú no aprecies mi sacrificio. ¡Separémonos, no quiero dar más explicaciones!*

Alberto siguió su camino y Jimena sonrió al pensar que le faltaba medio año para su mayoría de edad. Para entonces no le importaría nada y si era preciso renunciaría a la casa paterna; ella no perdería a "su Lucas" y menos, le dejaría libre el camino a su hermana.

(*"—Que se diviertan, el que ríe al último, ríe mejor"*).

—*Amor, viendo a tus hermanos ¿no te dan ganas de casarte tú también?*

-*Beto! ¿Qué quieres decir?*

—*Bueno, que tú y yo podíamos ser los próximos, piénsalo.*

El rostro de Nuria radiaba de felicidad, aquella era una propuesta de matrimonio y no contuvo el deseo de prenderse de los labios de su amado, ahí en plena fiesta. Alberto, aunque sorprendido por aquella reacción correspondió y aprovechó aquél impulso de Nully.

—*¿Mi amor, esto es un sí?*

—*¡Ay!, perdón, me emocioné. Yo qué más quisiera mi amor, tú sabes que mis padres quieren que termine mis estudios y yo creo que eso es lo mejor. Aunque claro que sueño en casarme contigo ¡y ser tuya para siempre ante Dios y ante los hombres!*

—*Ok Nully, no quiero que te sientas presionada, sigamos disfrutando esta noche y mañana hablamos esto.*

—*Sí, es mejor, aunque me encanta el tema, jajaja, mejor lo hablo con mamá.*

—*Amor por favor. O sea, ¿no puedes guardarte una sola plática de nosotros sin que vayas a decirle a tu mamá? Nully, no le digas nada aún, hasta que lo platiquemos más, ¿de acuerdo?*

—*Está bien amor.*

—*¿Bailamos?* Una voz masculina y llena de sensualidad sorprende a Jimena quien se encuentra distraída y con la mirada fija en la pareja formada por Nully y Lucas. Ella voltea y con una mirada recorre de arriba a abajo al solicitante.

Alto, de piel apiñonada y profundos ojos negros. Su pelo rizado formando una melena sobre su cuello y dejando caer algunas guedejas sobre su frente. Su camisa desabotonada y enseñando un pecho ancho, lampiño, de muy marcada musculatura que se acentuaba hacia sus brazos y piernas que a pesar del pantalón Levis que portaba, se dibujaba a la perfección. Era exactamente lo que estaba esperando y aceptó Jimena aquella invitación tan oportuna.

Entre las preguntas obligadas, el joven aprovechaba para estrecharla cada vez más, así como el ruido para hablarle al oído, a una Jimena obsesionada en un plan que, según ella, derivaría en un arranque de celos de Lucas.

—*¿Me llamo Evaristo, aunque todo mundo me dice el danés, tú cómo te llamás?*

—*Jimena Priego.*

—*¿Eres hermana de los novios, ¿verdad?*

—*Sí, ¿y tú con quién viniste? ¿Cómo te apellidas? ¡Nunca te había visto!*

En realidad, Jimena nunca veía a nadie, ella estaba siempre centrada en Lucas y no tenía por qué saber de éste o algún otro joven.

—Bueno mi mejor amigo es novio de tu hermana, Nuria creo, él se llama Alberto. Jimena pensó inmediatamente en sacarle información y saber si Lucas la estaba haciendo a un lado por Nuria.

*¿ —Cómo ves tú Evaristo, tú crees que tu amigo ama sinceramente a mi hermana?*

*— ¿No estará jugando con ella?*

*—Pues la verdad nunca hablamos de las mujeres con que salimos, somos unos caballeros, mija, y mi amigo el Beto es bien legal.*

*—Aunque tengo la leve sospecha que alguien lo está obligando a seguir con este noviazgo. Cómo que no lo está disfrutando, No sé.*

*— ¿Por qué lo dices?*

*—Bueno por sus expresiones cuando va a visita, siento como que no está muy convencido con tu hermanita, así que dile que, si ama a Alberto, pues lo vea y lo atienda bien.*

*- —Claro que lo ama, yo se lo diré.*

*—Nomás no saques a relucir que yo te dije, por favor.*

—No te preocupes, contestó Jimena, mientras su nariz se impregnaba de la loción barata que no evitaba el olor a macho que transpiraba el sudoroso cuerpo del danés, los brazos alrededor de su cintura la estrechaban cada vez más fuerte al grado de sentir como provocaba la virilidad de aquel desconocido. Al término de la última melodía de la tanda Jimena y Evaristo quedaron frente a Lucas y Nully. Lucas se veía serio mientras Nully no paraba de sonreír.

*—Vaya Jimena, hasta que te veo divertirte.*

*—Sí, Nully, me la he pasado súper, mira Evaristo ella es Nully la "novia" de Lucas".*

*—Mucho gusto Nully, y tú Beto ¿qué te pasa?, estás muy callado.*

*— ¿Que honda amigo? ¡qué bueno que viniste! ¿Todo bien? ¡Nosotros vamos a la mesa, luego te veo danés!* Dijo Lucas jalando a Nuria y

retirándose de la pista.

(—*"Trágate está, chiquito"*), pensó Jimena.

Por fin terminó el festejo, hubo una gran post boda teniendo como fin ver partir a las dos parejas de novios a sus respectivos viajes de boda.

La casona blanca también volvía a su normalidad y Ángeles y Gerónimo hablaban del pasado evento, con la satisfacción que da ver a los hijos iniciar sus propias vidas y con un futuro prometedor.

—*No como nosotros mi Ángel, ¿te acuerdas? Con una mano atrás y otra adelante.*

—*Con mucho amor, Gerónimo, eso nos ayudó a vencer tanta vicisitud. Me acuerdo cuando nació nuestro primer hijo, fue cuando mis padres nos perdonaron y nos llenaron de atenciones y regalos. ¡Mis amados viejos! ¡Cómo los extraño!*

Gerónimo abrazó a Ángeles en un gesto de solidaridad y besó su frente.

—*Siempre los extrañaremos, eran oro tus padres, mi Ángel, yo también los vi como mis padres.*

Soltándose del abrazo, Ángela camina hacia el tocador y empieza a peinarse.

—*Mi Ángel, tengo mis dudas con respecto al novio de Nully, aunque la veo muy feliz, Beto es un poco vulgar, no sé... Será que soy a la antigua, es desparpajado y mi Nully ¡tan correcta tan fina mi niña!*

—Si, ya lo he pensado, no me preocupa mucho, terminando estás vacaciones ella sigue sus estudios en la capital y confío que será romance olvidado.

Ángeles se guardó para sí, el bajón en el estómago como negro presagio que oscureció, para ella, el radiante evento de la doble boda de sus hijos. Ella vio el beso de Nuria y Alberto, en ese instante un negro pensamiento inundó su cabeza: (*"un ángel besando al mismo demonio"*). Tal vez por lo que ha oído decir del muchacho o por ese rechazo que siente hacia él, a pesar de que el intenta de mil modos quedar bien. De hecho, no tiene mucho que achacarle, salvo lo que dicen las *"malas lenguas"*. *"Bueno hay que sacudirse eso de la cabeza, ella se va a estudiar y podrá conocer más jóvenes de su edad, otro ambiente."*

—*¿En qué piensas mi Ángel?*

—*En nada... bueno en todo, quiero que mis hijos solteros también encuentren su felicidad. Al que veo muy lejos de intenciones de casarse es a nuestro Joel... Ya está haciendo otra maestría, ya es director de la escuela donde empezó y no le conocemos ninguna novia*

—*Ni te preocupes querido, ahora no existe ese estigma que antes tenían los solterones. Ahora si no te casas joven es por qué eres inteligente, jajaja.*

—*Bueno mi Ángel, no es precisamente que se quede solterón lo que a mí me preocupa. Lo que no quiero ni pensar es que salga con que no le gustan las mujeres y...*

—*¡Y qué! dijo Ángeles en tono de reclamo --es nuestro hijo y muy buen hijo ha sido, si él sale con esas cosas yo como su madre no lo* condenaré. Luego, con voz triste y apagada agregó. *Aunque sí me dolerá.*

—*Bien mi Ángel, no te preocupes, Dios dirá. Prende veladoras a la virgen y pídele por todos nuestros hijos. Yo te veo más tarde, me está esperando el camión que sale a la entrega para Musquiz.*

—*Bien querido, Dios y la virgen te protejan! Ah, te aviso que saldré. Me voy a encontrar con una vieja amiga. Hace años no la veo a Mildred. Estaré de regreso temprano.*

—*Me hablas si se te ofrece algo, mi Ángel, nos vemos más tarde.*

Mildred, una mujer más bajita que Ángeles, algo robusta, todavía atractiva y muy femenina, recibió a Ángeles en el único café del pueblo con un efusivo abrazo. Ella tenía muchos años de haber emigrado al vecino país y ya era ciudadana.

—¡No lo puedo creer, estás igualita Mildred!, ¡los años no te han hecho nada!

—Mira quién lo dice, ¡te ves regia! Querida amiga. Se volvieron a abrazar. Su amistad había sido muy fuerte e íntima y parecían dispuestas a retomarla desde el mismo punto.

Tenía razón Ángeles sobre sus temores acerca del flamante novio de Nuria, qué tan cerca está de la verdad y que tan lejos de descubrirla. La actitud de Alberto san Lucas hacia Nuria es de un supuesto respeto acorde a la personalidad de la joven hija de Jerónimo y Ángeles, y la propuesta informal de matrimonio, también Nuria desea llegar virgen al altar, por nada en el mundo llegaría con el pudor acolchonado en las sábanas de un cuarto de soltero, o de un hotel. Fingida la aceptación de la novia se iría a continuar los estudios superiores, alejados por la distancia que pone de por medio. Alberto duda que en el corto tiempo que le queda antes de que se vaya, la pueda hacer suya; cansado del acoso de la hermana menor, se aguanta. Por lo pronto no la quiere cortar, espera la oportunidad de propinarle un puntapié por encimosa.

("—aguanta Betito, todavía no, tenla contigo para el friíto"), piensa el depravado sujeto.

La oportuna aparición de Evaristo en la boda doble, a Jimena le abre una ventana de escape para ocuparse de otros prospectos aunada a la intención de darle celos a Lucas. El olfato fino de Jimena acostumbrado al olor a macho no le sorprende cuando bailó con quien el Tarochi recomendó para seducir a Jimena, sentir la mano en su talle, bailar "pegaditos" la morbosidad sentir el sexo erecto puesto de manera intencional en sus muslos en vez de molestarla le dio bríos para realizar su venganza; sacaría provecho, consideraría permitir ciertos avances sin llegar más allá para provocar una respuesta de su enamorado sin incomodarse.

Todo estaba calculado por ambas partes, la suerte estaba echada y a favor de Alberto, que ya no veía la hora de librarse de Jimena.

—¡*Mamá!, va a venir Lucas por mí, me va a llevar a la fuente de sodas y viene Sonia con nosotros, tú dime a qué horas me quieres de vuelta.*

Nuria con un vestido azul rey arriba de la rodilla, sencillo; un cinto que marca muy bien su estrecha cintura. Remata poniéndose sus botas negras. Aunque era esbelta tenía unas piernas bien torneadas y lucía espectacular. Llevaba su cabello suelto, ondulado; luciendo mechones dorados que le cubría gran parte de su espalda y hombros, como un perfecto y natural adorno al discreto escote del vestido. Al verla Ángeles sonrió admirada.

—¡*Qué hermosa te ves, hija! anda ve y regresa antes de las diez.*

—*Gracias mamá. ya están aquí!*, dijo Nuria al ver su celular, se despidió y le dio un beso y salió corriendo.

Esa Noche Gerónimo llegó tarde a casa y Ángeles como siempre, solícita lo atendió después del beso de bienvenida que le daba a su fiel marido.

—*Has de venir hambriento ¿verdad?*

—*Algo, ¿qué me vas a dar?*

—*Pues tú pide...*

--—*Al rato, ahorita dame algo de comer,* le dijo sonriendo de manera pícara y dulce a la vez.

—*¿Cómo te fue con tu amiga?,* preguntó el marido mientras se sentaba a la mesa.

—*Oh! Muy bien, me encantó volver a ver a Mildred, ¿nomás la vieras?, se ve joven, radiante, su mirada, transmite paz. En la reunión sentí como si el tiempo no hubiera pasado, mejor dicho, como si fuera la hermana que siempre anhelé.*

—*Vaya, te veo impresionada, me da gusto mi Ángel que no te haya desilusionado, ya ves que las personas cambian y no siempre para bien.*

—*Bueno, no sé cómo decirte. En parte Sí me desilusionó, , por otro lado, su manera de mirar, de hablar... Me cautivó.*

*¡No pues no te entiendo! A ver, cómo está eso, hasta te siento exaltada.*

—*Gerónimo, ella me habló de Jesús, de todo lo que hizo por la humanidad, por mí y por ti. ¿Cómo te diré?*, dijo mientras miraba a su esposo que tenía la ceja levantada y sus labios apretados, señal de que algo no le agradaba.

—*Verás Gerónimo, no lo tomes a mal, ella me habló de Dios nuestro Creador y de cómo debemos agradarle y hacerlo el Señor de nuestras vidas. ¡Me habló con tanta seguridad!*

—*¡No, no, no, mi Ángel, no me vengas con que es de esas "aleluyas" que se la llevan queriéndote convencer de que eres pecador y que a ellas se les ve el remordimiento en la cara y andan todas escurridizas y mal vestidas; apagadas... ¡No, no! ¡Mejor haz de cuenta que nunca la viste!*

—*Querido, eso sería imposible ¡y nada de lo que acabas de deducir es verdad! Ella me habló del inmenso amor de Dios. ¡Y lo hacía con tanta seguridad! Cómo si me hablara de una persona real, con la que a diario se comunica. Me dijo que Él ya no está en la Cruz y que me puede escuchar, ¡y que no debo tener imágenes porque Él se ofende!*

—*¡Calla mi Ángel! Estás blasfemando, no puedes creer que una persona común y corriente hable con Dios, mejor ve a misa más seguido, confiésate, comulga y como no me gusta prohibirte nada, te suplico que no la vuelvas a ver. No me gustaría verte renegar de nuestra fe.*

—*¡Gerónimo! no olvides que soy adulta y sabré como manejar esto. Ella es mi amiga y no le haré un desaire porque me habla de Dios. Además, me gustó todo lo que me dijo, no era algo nuevo, lo he oído en misa, sus palabras tenían otra dimensión. Aunque si he de ser sincera sí me dolió y me confundió que me dijera que Dios se ofende si adoramos a la virgencita. Me dijo que le lleve mi biblia para demostrarme que habla con la verdad.*

—*Está bien querida, te advierto que si te haces aleluya ¡no cuentes conmigo!*

—*Exageras, Gerónimo, yo jamás traicionaría nuestra fe. Así que duerme tranquilo.*

Esa noche hubo un gran silencio en la alcoba conyugal y

mientras Gerónimo se entregaba a un sueño profundo, Ángeles revivía en su mente las palabras y la mirada llena de paz de su amiga Mildred.

(" —*Le tengo que hablar de mi angustia por el noviazgo de mi Nuria, por la rebeldía de mi Jimena, por la soltería de mi Joel, debe tener un consejo. Ella debe tener una respuesta a mi desazón, sus seis hijos están bien establecidos, casados y tres son ministros, dos misioneros y su hija casada con un predicador, ¡hasta es abuela! Mañana le llamaré para vernos de nuevo y ... "* Así se quedó dormida hasta que poco antes de las 11 de la noche, Nuria tocó suavemente la puerta.

— *Ya llegué mamá.*

— *Está bien hija, descansa, hasta mañana.*

Era sábado y las dos jóvenes se levantaron tarde, en la cocina Ángeles ya tenía una fiesta culinaria.

— *¡A desayunar dormilonas! Ya está servido: pan integral tostado con algo de mantequilla, sus huevitos con tocino, su café con leche y si quieren hay jugo de naranja.*

— *Gracias mami, ven quiero decirte algo.*

— *Soy toda oído,* dijo Ángeles sentándose con las jóvenes a desayunar.

— *Mamá, yo no quisiera irme a la capital, déjenme quedarme y hago la escuela técnica en informática aquí.*

Y al decir eso a su madre, había en el tono de su voz una súplica que Ángeles no pasó desadvertida.

— *A ver mija, ¿qué pasa contigo? Tu siempre has dicho que quieres ser Psicóloga y la verdad no veo qué tiene que ver la informática con la psicología.*

— *Mamá, yo no me quiero separar de Lucas, por favor, mamá.*

Jimena se levantó interiormente ofuscada y dijo:

— *Las veo al rato.*

Y salió rápidamente. Mientras Nuria, con lágrimas en los ojos se refugiaba en los brazos de su madre suplicándole que la dejara quedarse.

Las tonterías que dicen las jóvenes al estar enamoradas con tipos aduladores y egoístas, echan al saco de la basura las ilusiones de los padres para que los hijos, las hijas forjen sus planes, hombres sin escrúpulos confunden los deseos de quienes que quieren seguir adelante, a sabiendas de los sentimientos juveniles, subvierten el orden, la convivencia filial, tal es el caso de las dos hermanas, Nuria y Jimena, ésta última se confronta con la hermana por haber desechado la moral que los progenitores inculcaran a cada uno de los hijos; la venganza por el supuesto robo del amante de la hermana la hace vengativa, mastica la traición y por pura candidez no tira de su boca la goma de mascar sabor a menta, amargada por la situación que las rivaliza.

Lo dicho a la madre sobre el cambio de planes para quedarse en la ciudad en vez de partir a la capital para continuar los estudios superiores, es una pantalla para encubrir la imperiosa necesidad de que Beto esté cerca de ella, también el subliminal deseo de no perder los besos, las caricias del ladrón de amores. Jimena no se queda atrás, la "providencial" aparición del tal Evaristo le da la pauta para encelar al taimado amantezuelo, al grado de contar que tiene un nuevo galán para que los rumores le lleguen al tal Beto. Llega a tanto su candidez que le permite al danés el tocamiento de sus puntos erógenos.

Los padres tienen ciertos problemas para asimilar los más recientes acontecimientos en la familia, los hijos mayores consolidados en las profesiones elegidas para su futuro, los del medio donde se incluyen Nuria y Jimena, y los menores que apenas comienzan a mostrar sus intereses, tardan en comprender que no son los mismos de antes, adolescentes y niños, la autoridad paterna se halla mermada, los buenos consejos de las hermanas le entran por un oído y salen por el otro.

Alberto san Lucas se nota aliviado porque baja el acoso de Jimena, erróneamente cree que la intervención de Evaristo alivia la carga que ejerce sobre él la persistencia de la niña, no es que sea fea o falta de atractivo, el problema es la inseguridad que siente sobre el amor que le profesa a Beto. Por otro lado, la imagen que guarda Nuria con respecto a Beto, si la gallardía de su enamorado es real y sale de su corazón, está claro que lo ama, no obstante, lo rápido de la petición de noviazgo y la promesa de matrimonio de

Alberto.

Los padres hacen hincapié en sus comentarios lo que a sus hijas les conviene, no son pocas las reiteraciones alrededor del tema.

—*Nuria de que se va, ¡se va! ¿cómo que de repente cambia de carrera y aquí la quiere cursar?, eso de andar de noviecita con ese fulano no la lleva a nada bueno, ahorita es el mejor momento para que se vaya; es mejor que aproveche la beca que le dieron por su desempeño.*

—*No cualquiera es afortunado y mira a Nuria, ¿qué tal?, ¿eh?, definitivamente ¡NO! ¡Se va a la capital! Ya lo platicamos, el mentado, Beto, o el susodicho Lucas no es de fiar.*

—*Me han llegado rumores de que lleva una vida licenciosa en cuanto al trato con las mujeres, agarra una, agarra otra y ahí se va, luego el tren de vida que lleva no corresponde a lo que gana, te prometo vieja, que lo voy a averiguar, desde que nos mudamos aquí, ocurren cosas extrañas.*

—*mijo, ¿por qué no dejas que la muchacha se quede?* Ángeles interrumpe el hilo de la conversación.

—*¿Estás sorda?, ¿no me estás escuchando? ¡Sacúdete la sesera por el amor de dios!*

—*Lo bueno es que Jimenita, aunque remolona, contestona, mal criadita, no se nos quiere zafar, ni salirse del guacal, todavía es una buena chica. ¿te acuerdas de Alba como se nos puso? Lo bueno es que se compuso y mírala ahora.* Agrega la preocupada esposa.

--*Veremos, veremos.*

Mientras tanto Jimena se enfrenta a sus demonios, enojada, piensa: "*¿—Qué cree este tonto? ¿qué con pasar una hora en la cama me voy a conformar?*" *Yo quiero me saque a pasear, ir a un restaurante, al cine como antes se acostumbraba, estar en la sala de una casa y ver una película, no nada más meterse debajo de las sábanas, algo se trae este pinche Lucas, lo voy a torcer, va a ver,* reflexiona Jimena.

Recuerda la última vez que estuvo con Beto, la actitud que derramó la gota del vaso cuando la corrió de la habitación.

—*Sabes que, tengo que dormir, tengo que trabajar y a la hora que se te antoja, sin avisarme, me caes de repente, vete, tómate unas vacaciones. ¡ESFUMATE! ¡YA ME TIENES HARTO!*

Se fue como bufando como toro, eso la hirió, el único

pensamiento era vengarse del *"estúpido mal nacido"*. En eso, suena el celular. Estaba haciendo la tarea en su casa. Mira la pantalla y ve que es un número desconocido.

—*Disculpa que te hable Jimena, soy el danés, Sonia me dio tu número, quería invitarte a tomar algo, un café, una soda, una nieve o lo que tú quieras.*

Jimena haciéndose la desinteresada.

—*Lo que pasa es que tengo novio y no le va a parecer si salgo con otro,* responde.

—*Nunca me dijiste que tenías novio, bueno, tú y yo somos amigos, ¿sabes?, no creo que tu novio se enoje. No pareces de esas muchachitas tontas que se dejen manejar por cualquier mequetrefe. ¡Anda, di que sí!*

Con las mismas tretas, subterfugios, se da cita con Evaristo, sola, sin compañía o la sombre de Nully; ambos con un diálogo interminable, Evaristo entre nimiedades del día, aprovecha cada instante para decir:

--*Me encanta tu plática, tus ojos bonitos, has de tener muchos pretendientes, quien no se va a fijar en ti, ¿sabes? me atraes, con respeto te lo digo.*

Ella finge que lo escucha, su mente maquina como darle una cuchillada en el corazón a Lucas. Está tan apasionada que se vale de cualquier artimaña para que le preste atención.

—*Salgamos, vamos a dar un paseo por el parque y luego nos sentamos en alguna banca.* Mira la hora en su celular, voltea hacia Evaristo y accede. En pocos momentos el tipo comienza a tocarla suavemente, callado; deslizando su mano hacia las piernas, como por descuido, luego toca el brazo, posa la mano en el hombro, y, por último, le da un beso desprevenido en los labios. Jimena lo permite, entonces él le da un beso más prolongado, profundo, provocador que cimbra su voluntad. Ella actúa como niña inocente, lo deja hacer, lo que no esperaba, era un segundo beso, apasionado, ardiente que termino por vencer su voluntad y se entregó sin pensarlo dos veces.

Pasado el embeleso y el ensueño de ser poseída por otro hombre, el sentir diferente en las profundidades de su ser reconoció algo nuevo, distinto, que le enervó y respondió con fiereza. Entonces vislumbró en su imaginación la puerta de un castillo de viento suspendido en el espacio. Satisfecha sacude la cabeza tratando de erradicar esa fantasía, está demasiado arraigada en su carne, en su despertar sexual gracias al perverso Beto, mas esta vez se ha entregado sin amor a un hombre que apenas conoce, el correligionario en su vida delictiva de Alberto san Lucas; no tuvo empacho en reconocer que la experiencia adquirida en brazos de este sujeto la llevó a un plano existencial nunca experimentado, a otra dimensión de lo que había sido el sexo para ella. Entonces se dio cuenta que lo ascendido en ese castillo imaginario era de una altura inconmensurable; un escalofrío recorrió su cuerpo al ver muy al fondo la superficie terrena llena de rocas, pozos profundos y fango donde su doncellez se había perdido para siempre.

—*¡Por favor, no vayas a decir que estuve contigo, que hicimos el amor! Menos a Beto, que nomás fue una refregadita, yo se lo digo, para que le duela. Ordena al miserable individuo.*

—*No siento nada por ti, ni voy a lamentar que no te vuelva ver.*

—*Naciste hoy, yo no nací ayer. no te preocupes, por mí, pico de cera, lo que saben de esto, aunque sin muchos detalles, somos cuatro: el Tarachi, mi buen amigo Lucas, "el danés". o sea, yo y tú, gatita.*

Estupefacta. incrédula, entrecierra los ojos. lo que acaba de escuchar no se lo esperaba, un signo de interrogación dibuja el rostro de Jimena, (*"—¿Que se trae este loco? No entiendo..., oh, Dios, ¿qué pasa?*), se queda pensativa.

—*Lo que hicimos estaba planeado desde antes, sólo que se adelantó porque te ganó la calentura, al Tarochi le urgía que Alberto te mandara a volar ya que no le conviene que una chamaca ande de mirona, así que, no le interesas, sólo te usó.*

Totalmente desprevenido le tomó la potente cachetada que con todas sus fuerzas Jimena estampó en la cara al danés.

—*¡Mientes, infeliz!*

Sobándose la cara y rumiando un coraje mal contenido tomó a Jimena por el brazo hasta lastimarla.

—*¡Claro que no estoy mintiendo, gatita salvaje! No vuelvas a tocarme porque te vas a arrepentir, ya ves que ni el Lucas te quiere, ¡no eres más que una muñeca estúpida!*

—*Iré a buscarlo ahora mismo, ¡tendrá que darme una explicación!*

—*Yo que tú no lo hacía, para cuando tú llegues con él, el tendrá todos los detalles de nuestro "rico encuentro" gatita , y..., no creo que te vaya muy bien.*

—*Iré, esto tú lo preparaste, no te saldrás con la tuya. Le tienes envidia a Lucas porque es mejor que tú y por eso lo planeaste todo, ¡deseo no volverte a ver en toda mi vida!*

Jimena echó correr con un lío en su cabeza, no podía entender que le había fallado su plan.

(*"—No puede ser cierto que yo le estorbe a Lucas, esto lo tengo que aclarar"*), el sudor corría por su cara mientras acortaba la distancia para llegar a donde estaba su amado Lucas.

Ángeles estaba en el teléfono hablando con Mildred.

—*Amiga, necesito verte por favor.*

—*Claro, con mucho gusto amiga , estaré en el café, Ángeles.*

Corto se le hizo el camino. Gerónimo no estaba en casa y Nuria le había dicho que iría a buscar a Jimena; Sus hijos menores andaban trabajando con Gerónimo así que pensó que tendría tiempo de volver a tiempo para preparar la cena.

—*Hola Ángeles acá estoy.*

—*Mildred, amiga,* contestó el saludo, mientras Mildred se levantaba emocionada y le daba un fuerte abrazo.

El tema lo escogió Ángeles, diciéndole que necesitaba consejo por cosas que pasaban en su casa, exponiendo la rebeldía de Jimena, su hija menor, la renuencia de Nully a irse a estudiar empeñada en seguir con un muchacho más grande que ella y con una vida licenciosa, veía amenazada la felicidad de sus hijas. Le expuso sus temores lis cuales resguardaba para no preocupar a Gerónimo y una duda que traía clavada sobre la orientación sexual de su hijo Joel.

Mildred había escuchado atentamente y en momentos lloró junto con su amiga.

—*Amiga querida, La respuesta a todo lo que te pasa yo no la tengo, te vuelvo a decir: Jesucristo es la respuesta... De verdad, no te resistas, entrega a Él tu vida, su Palabra es clara y te invita a que "si estás cansada te refugies en Él y te hará descansar", de verdad amiga, créeme.*

—*No me entiendes,* dijo en tono desilusionado Ángeles

—*Perdóname, cómo me vas a entender... Tu vida es cómoda, tus hijos te han seguido la corriente en todo, no podrías ponerte en mis zapatos.*

—*Claro que no es así, Ángeles. Yo he peleado una dura batalla para poder ver la Salvación de mis hijos. Tú no sabes, y no te lo digo para vanagloria, pues es de Dios toda la honra... Mis hijos llevaban un mal camino y la misericordia de Dios por medio de Jesucristo pudo traerlos al camino y hacerlos ahora sus ministros.*

—*De verdad?... ¿Hay esperanza?*

—*Claro amiga. ¡Recibe a Jesucristo y acepta su Plan de Salvación!*

—*Contéstame una pregunta solamente, Mildred: Yo, ¿tengo que renunciar a mi virgencita?*

—*Amiga tú tienes que renunciar al pecado y aceptar a Jesús en tu corazón. Y tú sola no podrás renunciar a todo lo que te estorba para una verdadera comunión con Dios, su Espíritu te guiará y te dará su consuelo, llenará todo vacío... Si lo tienes a Él, nada te hará falta... De verdad Ángeles.*

—*No! Jamás traicionaría a mis padres, no renunciaré jamás a mis creencias. Quédate con tu Dios. ¡Yo me quedo con mi fe! Lamento haberte molestado, me voy.*

Y sin darle la cara a su amiga se levantó de prisa viendo el reloj y despidiéndose fríamente de Mildred, dijo.

—*Es tardísimo, te veo luego.*

—*Ángeles, Jesucristo siempre estará esperando por ti, mi hijo mayor es pastor en la pequeña iglesia que está a un costado del correo, no la pienses acude a su llamado... Dios te bendiga.*

*Gracias Mildred, todo estará bien.*

Dijo Ángeles que sin mirar las lágrimas que corrían por el rostro de Mildred, salió casi corriendo del lugar.

Jimena se cansó de tocar la puerta del cuarto de Lucas y sin ánimo de nada se dirigió a su casa. Le daba coraje pensar en haber cedido a los requerimientos del Danés, era un vulgar y no había resultado su plan, ahora no sabría que decirle a Lucas, estaba condenada a mirar cómo avanzaba el noviazgo de su hermana con su amado. Por supuesto que no creía para nada lo que le dijo el danés, si lo creía capaz de contarle lo que pasó entre ellos y eso la llenaba de coraje y de impotencia. Ya casi para llegar a la casona se le emparejaron Nully y Lucas.

—*Jimena, donde te metiste, te busqué. mamá pregunto varias veces por ti! ¿Cuándo dejaras de ser tan desconsiderada?*

—*Déjala, mi amor, ahí donde la vez, ella viene feliz, ¿verdad Jimenita?, dijo Lucas.*

Jimena sintió la cuchillada, el reclamo o reproche... ¿O Celos?

Algo sabía ya Lucas y se lo estaba restregando en su cara.

—*Por supuesto que vengo feliz, como tú y Nully que también lucen muy felices, yo también tengo derecho,¿ que no, cuñadito?*

Los días pasaban y Jimena no lograba un encuentro con Lucas, que a esas alturas estaba al tanto del encuentro de su menor amante con amigo el danés.

Esa mañana no pudo Jimena ni desayunar, había pasado algo muy raro en ella que era de tan buen apetito, de pronto el olor del huevo con tocino le dio unas ganas inmensas de volver el estómago y salió de prisa al baño.

—*Qué pasa, mija? ¿No vas a desayunar?*

—*¡Ay voy mamá!*, gritó Jimena mientras llegaba y se arqueaba en la tasa del baño.

De pronto recordó que su periodo tenía días interrumpido y un váguido estomacal la hizo sentarse, asustada en el toilette.

(*"—Dios, no puede ser... ¡Estoy embarazada!"*)

Cerró con llave la puerta y se quedó en el baño con miles de ideas revoloteando en su cabeza. (*"—Tengo que ver a Lucas... ¿O al danés?"*).

Todo se salía de su control. La voz de su madre interrumpió su tormenta:

—*Hija tu desayuno! Anda o desayunarás sola.*

—*No te preocupes mamá, ya que me desocupe voy.*

—*¿Te sientes bien?*

—*Sí mamá, me duele mi estómago un poco, ya pasará.*

Ángeles siguió en su rutina cuando sonó el teléfono. Era uno de sus hijos menores.

—*Mama! Por favor, vente al hospital, ¡mi papá se puso muy mal!*

—*¿Qué pasó hijo?, ¿qué tiene tu padre?, ¿qué le pasó? ¡Por Dios, habla!*

—*No sabemos mamá, aquí estoy con mi hermano, lo trajo la ambulancia. ¡De pronto se desmayó y el doctor no ha salido!*

Cuando Ángeles, Nuria y Jimena llegaron al hospital, el doctor iba saliendo.

—*¿Los familiares del señor Jerónimo Priego!*

—*Aqui estamos doctor, ¿qué le pasa a mi esposo?*

El doctor aspiró hondo y tenía en su mirada un dejo de compasión.

—*Señora, su esposo sufrió un ataque cardiaco fulminante... Lo siento hicimos todo lo que pudimos... No logramos reanimarlo... Acaba de fallecer.*

Ángeles despertó en la cama de urgencias del hospital se había desmayado... Jimena y Nuria se habían comunicado con sus hermanas y hermanos que se trasladaron inmediatamente a su pueblo natal.

Caleb y Eliseo se encargaron de todos los trámites funerarios mientras Ángeles disponía, embargada de dolor, que su esposo fuera expuesto en su hogar, en *la casona blanca* que con tanto amor habían adquirido cuando sus hijos mayores eran unos críos. Ahí donde vivió un amor apasionado y tranquilo con el compañero fiel que siempre trabajó con gusto y amor para su familia. Quería verlo por última vez ocupando aquella gran sala, donde juntos rieron y jugaron con sus pequeños hijos... Sus lágrimas rodaban a raudales y sólo esperaba el momento en que Jerónimo entrará ya e en su caja mortuoria a ocupar aquella sala que poco a poco se llenaba de flores y de personas.

La muerte de Jerónimo, su funeral y la estancia de los hermanos mayores en casa, fueron también oportunos para las adversas circunstancias de Jimena. Después de sepultar a Jerónimo, Ángeles se encerró en su cuarto y pidió no se le molestara. Le hubiera gustado llorar a grito abierto, jamás habló con Jerónimo de qué hacer en este caso, él tenía planes de vivir y ahora estaba muerto y enterrado. Era toda una pesadilla y no sabía qué hacer, cómo proceder, ante sus menores hijos que también sufrieron la impotencia de ver agonizar a su padre y perderlo sin ninguna esperanza.

(*"—Mis hijos, pobrecitos... Como los consuelo si yo he quedado muerta por dentro"*).

—*Mamá, soy yo, Nuria.*

—*Pasa hija, por favor disculpa que no las he atendido.*

—*No te preocupes mamita, aquí estamos para ti.*

Se abrazaron por un largo momento mientras corrían sus lágrimas por la reciente pérdida.

—*Mamá, no te dejaré sola, Lucas y yo hemos decidido casarnos pronto y no me digas de mis estudios mami, yo quiero estar cerca de ti y que tengamos un respaldo en Lucas, él dice que puede hacerse cargo de los negocios de papá.*

—*Está bien mija, tú ya eres mayor, yo ya no tengo fuerza ni ánimo de dirigir tu vida.*

—*¡Mamita, te aseguro que sólo pienso en tu bienestar!*

Ángeles se quedó dormida y Nuria salió de la habitación topándose en la sala con Jimena que iba de salida.

—*A dónde vas Jimena? ¿Le avisaste a mamá que salías?*

—*Por supuesto que no, mamá no quiere saber nada de nosotras, hace una semana que murió papá y ella sigue encerrada. Ni bien se despidió de nuestros hermanos y sus familias.*

—*Jimena, no te vayas, o de pérdida avisale a Joel, él no se ha ido... ¡A él dile a dónde vas!*

—*Nuestro hermano Joel no tiene ojos más que para su amiguito, ahí hay algo raro Nully, mejor te dejo la tarea que lo investigues, ¡chao!*

—*Jimena! ¿Qué insinúas?*

—*Nada hermanita, casi estoy segura de que mi papá se volvería a morir si sospechara lo que yo de nuestro hermano Joel.*

Jimena salió. Iba dispuesta a encontrarse con el danés, lo había citado por teléfono sin adelantarle nada de lo que iba a tratar la entrevista. La cita era precisamente en aquel parque donde pasó aquella aventura con el susodicho. Llegó al punto y todavía lo esperó más de 30 minutos, cuando al fin apareció.

—*Vaya, creí que no vendrías.*

—*Pues estaba ocupado gatita, así que al grano y ahuecando el ala que mi tiempo es cachata.*

—*¡Uf! ¡Qué ordinario! Bien seré breve: estoy esperando un hijo tuyo... Así que ve pensando qué vamos a hacer.*

La expresión del danés fue burlesca y negando con la cabeza fue tajante.

—*Mira, ese hijo no es mío y tú lo sabes muy bien, ese hijo es de Lucas, así que déjate de cuento, déjame en paz a mí y busca al verdadero padre. Y falta que haya otro. ¡A mí no me lo endilgas!*

—*¡Imbécil! ¡Claro que es tuyo!*

—*Echa a caminar y aléjate de este muñeco, que no tiene ninguna intención de ser padre, anda adiós, ¡hasta nunca!*

El danés dio un empellón a Jimena como si no hubiera otro espacio por donde pasar, que la hizo tropezar y caer sentada, mientras Evaristo se alejaba silbando, como si ni siquiera la hubiera visto.

(*"—Esto es el colmo"*), ahora iré a ver a Lucas, estoy casi segura de que este hijo es de él. Me tiene que escuchar.

Llegó y tocó la puerta fuertemente y gritó:

— *Lucas! Ábreme.*

Lucas salió rápido.

—*¿Qué pasa nena, yo creía que se te había ya olvidado mi dirección?*

—*Por supuesto que no Lucas, tú sí te has olvidado de mí, ¿verdad?*

—*¿Y qué querías? ¿Qué te acepte con los brazos abiertos? ¿Como si nada? ¿Después de que te revuelcas con mi mejor amigo?... Y tú nieve ¿de que la quieres?*

—*Me heriste nena,* le dijo mientras le tomaba la mandíbula y se la apretaba hasta lastimarla.

—*Yo te amaba de verdad y tenía planes contigo. Esperando como idiota tu mayoría de edad para casarnos y tú feliz disfrutando de mi amigo y sepa Dios de ¡cuantos más!*

—*Tú sabes que no es así Lucas, ¡yo te amo! ¡Yo sólo he sido tuya, el danés te mintió y tú lo sabes! ¡Es más, hasta te embarró! ¡Dijo que tú y tu patrón lo planearon todo y yo sé que tú no serías capaz!*

—*Por supuesto que no soy capaz, yo no sabía nada. ¡Lo que sí sé ahora que te metiste con mi amigo cuando más te amaba, ahora te aguantas! Seguiré adelante con tu hermana, es más ya tenemos planes de casarnos. Si tienes tantita vergüenza, nena, quédate calladita y te verás más bonita, ¿estamos?*

—*¡Claro que no! ¡Y menos, ¡ahora! ¡Estoy embarazada y tienes que responder por este hijo, es tuyo!*

—*A ver quién te cree ese cuento, tú sabes que siempre nos cuidamos.*

—*La última vez se rompió el preservativo! ¡Tú sabes muy bien, tienes que casarte conmigo!*

—*¡Sabes qué?... Ya sacaste boleto... ¡Te largas y te olvidas de mí, ya! ¡Sal de aquí!*

—*¡Por favor, Lucas!*

Lucas echó a Jimena a empujones del cuarto donde antes la esperaba para darle placer y gozar de sus favores. Por segunda vez Jimena cayó al suelo ese día y la bota de Lucas se estrelló en su trasero haciendo que Jimena besara el suelo.

—*No quiero volver a verte más! ¡Seré tu cuñado y punto!*

Llega Joel y le pregunta a Nuria.

—*Nully, ¿de dónde vienes?*

—*Joel, ando buscando a Jimena y no la he visto, tú no la has visto?*

—*No Nully, estaba con mamá y precisamente ella me mandó a buscarla, también, ¡dijo que durmió un ratito y que tuvo un mal sueño sobre Jimena!*

Nully guardó silencio por largo rato... Silencio que interrumpió Joel.

—*¿Tú no sabes dónde se mete Jimena? Mamá me dijo que por las tardes noches sale a caminar y no sabe a dónde va.*

—*Sí, siempre lo hace, no sé a dónde va. Bueno yo le creo que, a caminar, ella es muy inquieta. Aunque últimamente se veía con Evaristo, eso me dijo mi novio. No sé dónde se ven.*

—*Nully háblale a tu novio y pregúntale donde encontrar a su amigo.*

—*Bien.*

Inmediatamente habló con Lucas y cuando colgó tenía cara de sorpresa. Se dirige a Joel y dice:

—*No lo puedo creer!*

—*Qué pasa Nully!*

—*Dice Lucas que su amigo el danés o sea Evaristo pues, se fue de fin de semana al lago de Puki, que le avisó que vuelve hasta el lunes. — ¿Sería capaz Jimena de irse con el danés? ¡No lo dudo! ¡Es tan impulsiva!*

—*¿Tu novio no te dijo si Jimena iba con él?*

—*No... Y me dijo que no sabe el número de teléfono.*

—*¿Qué hacemos? ¿Qué le digo a mamá?*

—*Joel, conociendo a Jimena creo que debemos esperar, a lo mejor llega más tarde. Ella es así. Y yo me acuesto, ya la conozco. Ya aparecerá,* Ángeles se quedó dormida esperando a Jimena... ¡Nunca llegó! Al día siguiente Joel despertó a Nuria.

—*Nully, Jimena no ha vuelto, por favor háblale a Lucas para que vaya contigo a buscarla yo iré con mi amigo a la policía.*

Nully, saltó de la cama y se despabiló, le habló a Lucas y pronto Alberto San Lucas estaba más que puesto para ir a buscar a Jimena.

La búsqueda fue intensa por parte de los hermanos, la policía no actuaba, esperando el tiempo de rigor para declarar desaparecida a la persona de Jimena.

El lunes temprano Lucas habló con Nully.

—*Amor, el danés ya volvió, dice que él no ha visto a tu hermana.*

—*¿Qué? ¡No entiendo! Entonces... ¿Dónde está mi hermana?*

Pasaron los días y la policía empezó a buscar más minuciosamente, a investigar, a hacer preguntas. La joven no aparecía y la familia estaba angustiada, Ángeles lloraba todo el día y se abrazaba a Joel.

—*Yo soñé a mi niña, que ella me gritaba angustiada y sangraba. ¡Algo le pasó estoy segura!*

—*Mamita ten calma, ella va a volver vas a ver. Tú misma me has dicho que ella es así, voluntariosa y decidida.*

Lucas no se despegaba de Nully y cada vez que podía en su afán de "consolarla" la llevaba a momentos más íntimos, sin embargo, la juiciosa conciencia de Nuria terminaba rompiendo de tajo aquellos osados momentos.

Una mañana sino el teléfono en la casa de los Priego Balsero, Joel contestó y después de un breve intercambio de palabras se quedó petrificado, para pasados unos segundos contestar.

—*Sí, señor, iré inmediatamente, gracias.*

—*Nully, quédate con mamá, me están llamando de la central de policía. Parece que encontraron a nuestra hermanita. Quieren que vaya a reconocer su cuerpo.*

—*Oh no! ¡Mi hermanita tiene que estar viva! ¡Tiene que estar viva!*

—*No le digas nada a mamá, mi amigo y yo iremos a la policía. Tú ve llamando a Caleb para que se vengan, mi madre los va a necesitar.*

Nuria se quedó llorando y tratando de calmarse para hacer la encomienda de su hermano y luego ir con su madre.

—*Sí, oficial, ¡es mi hermana Jimena! ¿Dónde la encontraron?*

—*Bueno, más bien la encontró don Absalón, iba por leña y su perro la descubrió, él se acercó y vio como su perro descubría parte del cadáver.*

Joel se queda imaginando aquella macabra escena, aquel cuerpo no es ni la sombra de la belleza que era su hermana Jimena.

—*Estaba embarazada de 8 semanas aproximadamente.*

—*¿De verdad? ¿No será una confusión?*

—No, ya se le practicó la autopsia. Alguien la asesinó, tiene golpes de objetos pesados en la cabeza. Al parecer piedras. Se inició la investigación y con el reconocimiento del cadáver la investigación se hará más a fondo.

—*Claro oficial, cuente con la familia para todo, yo soy Joel Priego y estoy a sus órdenes. Sólo les pudo delicadeza con mi madre, ella está muy deprimida aún por la pérdida de mi padre. No me gustaría que se sintiera peor.*

—*Lo tendremos en cuenta señor Priego. llamaremos a la funeraria para que se haga cargo y den cristiana sepultura a la joven.*

—*Gracias oficial.*

—*De verdad, reciba nuestras condolencias y páselas a su familia, señor Priego.*

—*Gracias de nuevo, oficial.*

Joel y su amigo caminaron despacio hasta la casona blanca que no estaba muy lejos de la central policiaca. Iban abrazados y en silencio, las palabras no cabían en medio de tanto dolor que Joel llevaba en su corazón por la reciente pérdida de su padre y ahora su hermanita. ¡Era tan difícil y doloroso!

Ángeles recibió la noticia, como si no escuchará, como si ya nada le sorprendiera.

—*Yo lo sabía, mi niña me llamó, yo la vi en un sueño. Sabía que ya no estaba viva.*

—*Mamita!*, dijo Nuria abrazándola como si con aquel abrazo pudiera evitarle aquel dolor que laceraba las entrañas de Ángeles.

Habían pensado no decirle nada sobre el embarazo de Jimena, concluyeron que no tenía caso ocultarle algo que en aquel pueblo tan pequeño correría como pólvora.

—*Mama, también debes de saber otra cosa. Jimenita estaba embarazada.*

*Dijo Joel con la voz entrecortada.*

—*Mi niña me iba a hacer abuela y yo lo ignoraba. Mi niña, mi Jimena*, sollozó Ángeles y se dejó caer en el ancho sillón de la sala.

Las exequias de Jimena no duraron mucho. Pronto la casona blanca se quedó en silencio. Los hermanos mayores le suplicaron a Ángeles que los acompañará a vivir un tiempo con ellos, Alba, Aurora, Caleb, ella se negó.

—*Vayan a su casa hijos, yo estaré bien. Jamás dejaré está casa donde he sido tan feliz como desgraciada. Aquí mi vida tomó un verdadero sentido y aquí también ha quedado sepultado parte de mi corazón... ¡La casona blanca, es todo para mí!*

Ángeles hace un esfuerzo y empieza a tratar de buscar una rutina a su nueva vida de viuda y de "sabe qué", ella piensa "soy viuda porque perdí a mi esposo, qué soy si perdí a mi Jimena" así trata cada día dar a su hija Nuria y a sus hijos menores la mejor cara.

Joel la visita muy seguido, de hecho, cada fin de semana, siempre acompañado de su amigo, al que Ángela llama hijo y lo atiende como a un hijo más.

Lucas, poco a poco se ha ido empoderando como prometido de Nully, de pronto en calidad de "favor" toma, autorizado por sus menores cuñados y por la misma ángeles, hasta cierto punto las riendas del negocio de la producción y transporte de verduras.

—*Suegra, ya sabe que en cuanto usted y sus hijos lo dispongan yo les entrego todo y cuentas claras.*

—*Si hijo, claro. Yo pienso que ya el próximo mes Caleb y Eliseo vendrán a tomar decisiones para el funcionamiento de todo esto. Te agradezco tu disposición, no sé qué habría pasado sin tu oportuna intervención.*

—*No es nada suegra, lo hago con gusto, Nuria y yo queremos poner fecha para casarnos, sin baile ni festejo, sólo la ceremonia. No quiero quebrantar el luto de la familia.*

—*Sí, Nuria ya me lo comentó, cuando tengan la fecha me dicen.*

—*Mis padres vendrán a pedir a Nully suegra, todo será como se debe.*

—*Sí, confío que así sea.*

Ya en su cuartucho, el celular de Lucas sonó, era el danés.

—*Beto, necesito que vengas, me tienen detenido.*

—*¿Qué hiciste danés? ¡No se te ocurra mencionarme!*

—*Me tienen como sospechoso de la muerte de Jimena, el Tarochi dijo que me vio discutir con ella el día que desapareció.*

—*Mira a mí no me metas, yo no se nada. A mí me pareció raro que ese día que desapareció Jimena tú te fuiste a pasar fuera el fin de semana.*

—*O sea que, ¿tú piensas que yo fui? ¡Hijo de tu puta madre!*

El danés cortó la llamada, ahora está dispuesto a declarar lo que sabe, todo lo que sabe.

Ya casi era media noche cuando llegó la policía a donde Beto dormía plácidamente. Los golpes en la puerta y el grito de *"¡la policía!"* despertaron inmediatamente al bello durmiente, que solícito les abrió la puerta.

—*¿Se puede saber qué pasa?*

—*Está usted detenido como sospechoso del asesinato de la señorita Jimena Priego Balsero.*

—*Oficial, yo he declarado todo lo que sabía sobre mi cuñada, era la amiguita del danés, el Evaristo, yo soy novio de su hermana, ¡no sé más!*

—*Pues verás hombre, nosotros tenemos una historia muy diferente, pon tus manos hacia atrás.* Y poniéndole las esposas:

—*Camina!*, le dijo el oficial.

—*¡Comandante!, la casa está vacía, ni se ve habitada ni parece que haya estado habitada.*

Dijeron tres policías que venían de inspeccionar la casa donde el Tarochi y Lucas guardaban a los inmigrantes.

—*Esa casa tiene meses vacía, si no es que ya el año,* dijo Lucas.

—*Yo aquí rento este cuartito y nunca he visto gente ahí, una pareja con dos niños vivió ahí por poco tiempo, se fueron y desde entonces está vacía.*

—*Lo mismo nos dijo el Tarochi, dueño de la casa.*

Dijo uno de los oficiales.

Lo que no sabían era que Lucas al recibir la llamada del danés le llamo al Tarochi y juntos vaciaron la casa, se llevaron a media docena de personas que tenían esperando y con un *guangochi* esparcieron polvo sobre todos los muebles para dar la apariencia de absoluto abandono.

Lucas con una frialdad inaudita negó rotundamente la historia que el danés contó sobre su amasiato con Jimena y dijo estar dispuesto a cualquier prueba de ADN si exhumaban lis restos de Jimena y comparaban el suyo con el del crío que llevaba con ella.

Además, aseguró ver a Evaristo muchas veces con Jimena y en el colmo del cinismo y la mentira, aseguró que más de una vez les prestó su cuarto para las entrevistas.

—*¿Y por qué no nos había dicho eso último la vez que lo interrogamos, señor Alberto San Lucas?*

—*Porque era mi cuñada y no quería avergonzar a mi novia y a su familia.*

—*y ahora, ¿no le importa su novia y su familia política?*

—*No es que no me importe, sólo quiero que todo esto termine y que salga la verdad.*

Los policías miraron al comandante

—*Suéltenlo,* dijo el comandante.

—*Mire señor don Alberto San Lucas, no me trago cualquier cuento, ¡váyase!, sepa de qué estamos a punto de llegar al fondo de todo y estoy seguro de que usted va a salir bastante raspado.*

—*Oficial, si usted tiene un cargo en mi contra dígamelo, yo he cooperado y quiero seguir haciéndolo. Jimena para mí era como una hermana menor. Yo también quiero saber quién es el responsable y que pague por lo que hizo. ¡Y casi estoy seguro de que fue ese malnacido del danés!*

—*Váyase, no lo necesitamos más,* rugió el oficial.

La tarde noche del infarto de Jerónimo, no fue provocado por el azar de la mala salud o muerte súbita, fue saber la relación de las dos hijas que tenían cada una con el nefasto Alberto San Lucas; Nuria, la novia formal y permiso dado para su noviazgo y, la amante pasional e impetuosa de Jimena y la sospecha del embarazo que le provocó, así como la causa del infarto al miocardio, el secreto lo acompañó hasta la tumba, un supuesto amigo de Alberto conocido como "el medio nalgas", por lo flaco y escuálido quién filtró el rumor del doble juego que se cocinaba entre las dos hermanas. El dolor al reconocer que por estar tan metido en el negocio de las legumbres y vegetales había descuidado la atención sobre ellas.

Ángeles ensimismada en las tareas del hogar, en la ayudantía a seguir levantando el negocio y sin culparse por haberse convertido en asidua visitante al templo protestante para buscar la paz y la tranquilidad de Dios en su casa y sus hijos amados, para nada cruzaba en su mente las nubes negras de la desgracia de perder al compañero de toda su vida, la terrible muerte de Jimena a manos del también malviviente el danés, indiciado por el artero asesinato de la joven Jimena.

Durante las exequias del jefe de familia y la hija y hermana, los que Vivian lejos por su trabajo y compromisos con sus propias familias y los cercanos, organizaron los sendos funerales; los gastos a la funeraria, los pagos al municipio sin escatimar los gastos, o de qué bolsillo salía el dinero; por desgracia, nunca previstos por si alguien falleciera fuera la causa que fuere, ni contar con un seguro de gatos funerarios, además del pesar, el dolor, la angustia de perder a un ser querido. Era Joel el más sombrío. No pudo abrir la puerta del closet, sólo la entreabrió, al ver la cara acusatoria del padre que quiere al hijo convertido en un hombrecito y no en otra cosa hace que la cierre de una vez.

Ángeles, mortificada, preocupada por ciertas cosas que las madres ven y los demás no, preguntó a Joel que sucedía dentro de él.

—*Mamá, tengo miedo de que mi papá y tú me maldigan, que soy un*

*engendro del demonio, que me odien y me corran de la casa, que soy un*
*pecador, que no soy hijo de Dios, porque, porque... soy un... ¿cómo se*
*llama? ... me gustan los hombres.*

Cuando abrió su corazón a Ángeles él tenía 14 años. El
desahogo lo obligó soltar el llanto, se dejó caer en el sillón
cubriéndose el rostro con ambas manos, la confesión liberó la
presión, reprimida por la ansiedad de que todos supieran quién
realmente era. Contrario a lo que imaginó, Maria de los Ángeles,
amorosa, mesó el desordenado cabello, luego se sentó al lado
posando el brazo en el hombro en señal de comprensión y de
apoyo tácito.

—*Hijo mío, mi Joelito, mi pedacito de carne, mi alma, si Dios como*
*sus hijos, nos ama a todos sin distinción, como yo que parí a tus*
*hermanos, que te parí a tí ¿cómo iba a condenarte al destierro de mi alma*
*y de casa? Dios es perfecto, nosotros somos perfectibles, nos ama a todos,*
*sé que tu papá tiene otras ideas y se crio a la antigüita, de muy macho y*
*xenófobo, creo que así se dice, ¿no? Más adelante entrará en razón, por*
*mi parte, te amo desde el primer momento en que te tuve en mis brazos,*
*tan tierno, tan delicado. ¡TE AMO HIJO, TE AMO!*

Joel desde su infancia sin comprender y sin explicación alguna,
, porque la edad no se lo permitía, sintió estar fuera de lugar,
creyó que no pertenecía al círculo donde se había desarrollado
como ser humano; a medida que iba creciendo escuchó
comentarios denigrantes de los "*jotitos*". de la promiscuidad de lo
que eran asiduos, se sabía aludido sin razonar por qué,
posteriormente con más comprensión del mundo exterior, con las
hormonas trabajando a todo lo que dan, entendió en parte a
donde caminaban sus sentidos.

Aunque uno ignore lo que ocurre alrededor, los demás
olfatean, huelen los puntos débiles del sujeto atado a las dudas de
la propia identidad. Joel fue víctima del desacato y de la
virulencia de otros adolescentes, en particular uno, su mejor
amigo. Fue en ese tiempo de su desarrollo fisiológico que supo de
lo que realmente era su orientación sexual, fue entonces que se
sinceró con Ángeles, su madre; claro, jamás a nadie más contó
dicha experiencia.

Lo sucedido en el pasado inmediato, los decesos de jerónimo por un accidente cardio vascular, el de Jimena, debido a su asesinato, aunque, no obstante, se tiene a un presunto responsable, todavía no hay una sentencia definitiva hasta no agotar todas las pruebas aportadas, la presencia de Joel en ese trance fue de suma importancia, ya que dio apoyo moral para Ángeles, los demás, los mayores sólo de beso y abrazo y con frases acartonadas:

(" —*Resignación mamá, todo estará bien, mi papá, Jimena ya están en el cielo"*), y así por estilo, no se vayan con la finta por la falta de empatía, aun aman al padre fallecido, a la descocada hermana, faltó la solidaridad convertida en acción, Joel, con su madre a partir de la confesión de su inclinación sexual pudo estar más cerca de María de los Ángeles, los demás hermanos se dividían unos con la aceptación tácita, otros, incluido el occiso mostraban con gestos y actitudes la ignorancia de tal condición. Nuria y Jimena, aunque no tocaban el tema, aceptaban sin condición a su hermano Joel.

Antes que los hermanos partieran a sus respectivos centros de trabajo, a sus lugares donde tenían su morada, Joel les hizo saber que de allí en adelante se quedaría en la casona para estar al tanto del negocio familiar, cuidar del patrimonio, llevar la administración de dicho negocio, acéfalo por la partida del jefe de familia, confiaba con los consejos y manejos de la mamá, ella no perdería ni autoridad, ni propiedad ninguna, el único que se agregó fue Almicar, el compañero sentimental de Joel, viviría en la casa. toda la familia inmediata estuvo conforme. El único en desacuerdo fue el novio de Nuria, porque se venían abajo los planes de hacerse de la empresa después que Nuria fuese su esposa. Con la muerte de Jimena nadie más lo relacionaría y ningún cabo atado a ambos, ni de quien fuera el producto de su embarazo, que se quedaría en el análisis pericial, que el danés fuera el único responsable del asesinato de la amante y novia, es decir, Jimena.

Nuria ajena a los enjuagues del desdichado novio y coautor intelectual del crimen, da largas a la presunta boda, aduce primero que son los estudios su prioridad, sabe a ciencia cierta que el ser estudiante y casada en un entorno machista sería difícil, ama de casa o madre, no lo dice por no decepcionar a Ángeles, siente que sería una traición a su progenitora. Al fallecido Jerónimo, a la ausente Jimena y los planes en acompañarse al éxito personal, aunque asistiesen a diferentes escuelas podrían llegar a la cima juntas.

Ángeles está muy lejos de la recuperación, hundida en el dolor, en la depresión, se hace indolente a lo que sucede a su alrededor, responde con un sí, con un no a las decisiones, a las preguntas y presencia constante de Joel, la de su pareja. Poco a poco minan la muralla creada en la casona.

—*Que temprano llegaste hoy mi amor, no me avisaste. ¿No fuiste a trabajar?*

—*No*, contestó secamente Alberto a la pregunta de Nuria.

—*¿Qué te pasa? ¿Te noto amuinado?*

—*Me la he llevado pensando en esa jugarreta que me hizo tu hermanito o debo decir hermanita?*

—*Alberto! No te permito.*

—*¿No me permites qué?*

—*Ya estoy cansado de que no me des un lugar, quieres que te espere eternamente para casarnos y mientras ¿qué? Quieres que sea el gato de todos ustedes, ¿eh?*

—*Mi amor! Yo creí que lo hacías de corazón, el haber intervenido en la familia no ha sido en vano, te has ganado el corazón de todos, recuerda que no te aceptaban muy bien.*

—*¿Para que quiera ganarme el corazón Nuria?, por favor si hasta dinero mío tuve que meter para que no se viniera abajo el negocio de la producción y venta de verduras y ni siquiera por atención de tu hermano* *me ha dicho que me pagará. Nomás me hace a un lado y ya... ¿Qué cómodo no?*

*Y sí, es verdad que ya todos me aceptan, la que no me aceptas eres tú. Yo ya estoy cansado, así que hoy mismo hablas con tu madre y hermano y les dices que mañana vienen mis padres a pedir tu mano.*

Nuria se quedó de una pieza, la mirada de Lucas era fría y no había en su petición ni un ápice de ternura. Lucas no dijo más, dio media vuelta y se fue.

En realidad, ella le daba largas so pretexto de terminar sus estudios, no tenía ya urgencia por casarse, algo traía en su interior que la obligaba a alargar la fecha de la boda. Iba ya en el cuarto semestre de administración, que no era la carrera a la que ella siempre había aspirado, por tal de seguir al lado de Alberto había renunciado a sus aspiraciones de ser maestra. Ya eso era secundario, había un miedo que de pronto la paralizaba al pensar en su matrimonio con Alberto, que por cierto nunca ella volvió llamarlo con el nombre de "Lucas" pues le recordaba a su hermana menor.

Ella sabía que, a su madre, ya no le era importante el hecho de que, si se casaba o no, la veía tan ensimismada con sus muertos. A veces, Joel era quien la hacía sonreír o cuando salía con su hermano y su pareja, Amílcar era que notaba cierto amor en su madre, algo le decía que era fingido. Ahora ante el ultimátum de Alberto pensó como reaccionaria Ángeles y decidió ir y hablar con ella sobre lo que *"habían decidido"* ella y su amado.

Efectivamente, Ángeles no tuvo ninguna reacción que alterará su rostro, se limitó a balbucear:

—*Está bien hija, si ya lo decidieron.*

—*Mamá ¿no te emociona? ¡Imagínate! Me casaré, tendré un hogar, te daré nietos que disfrutarás porque me quedaré aquí, ¡no como Alba y Aurora que sólo te mandan fotos de sus hijos y vienen a las quinientas! ¡Yo no te dejaré mamacita!*

Ángeles se echó en sus brazos.

—*¡Perdoname, hija mía! No me hagas caso, claro que me alegra tu felicidad y estaré contigo. Dile a tu novio que es bien venido con su* *familia el día de mañana para la cena, ¡yo lo prepararé todo!*, dijo Ángeles recobrando un poco de ánimo, suficiente para que Nuria se entusiasmase .

—*Gracias mamita! ¡Gracias! ¡Te amo!*

—*Y yo a tí mija y siempre le pediré a Dios te llene de felicidad, cuenta siempre conmigo mija recuerda que...*

*¡Hija! Nuria! ¿Qué te pasa? ¿Por qué estás así? Nuria por favor!*

La cara de Nuria tenía una mueca de terror y su mirada desorbitada se perdía en la nada. Los gritos de su madre la volvieron en sí y se refugió llorando en sus brazos.

—*Mamá, fue algo horrible, te aseguro que era Jimena yo la vi, ¡yo la vi te lo juro mamita! ¡Yo la vi!*

—*Calma mija, estás emocionada y cansada. Ve a dormir y tranquilízate, mañana tienes que lucir hermosa para tu Alberto, ¡anda!*

Nuria hizo caso a su madre, era temprano, se encerró en su cuarto decidida a descansar, no sin antes hablar con su amado y decirle que todo estaba bien que lo esperaban mañana con su familia.

Cuando Joel llegó ya tarde, estaba despierto Amílcar, así que se dispusieron a cenar.

—*No sé cómo decirle a mi madre lo que me notificaron hoy, aconsejame.*

—*De que se trata mi Joy?*

—*Parece que mañana sale libre el fulano que acusaron por el asesinato de Jimena, las pruebas no fueron contundentes y el único testigo que dijo verlo amenazar a mi hermana y asegurar que tenía algo que ver con ella de mucho tiempo se vino abajo porque tuvo muchísimas contradicciones. El caso es que él sale, no dan carpetazo y lo malo es que todos somos sospechosos, ¡imagínate! Mi madre se va a derrumbar. Para mí que ese infeliz está soltando dinero. ¡Qué rabia y qué impotencia!*

—*No te sientas mal mi Joy, deja que las autoridades sigan trabajando, el culpable caerá, la justicia tiene que prevalecer, ya verás.*

—*Cual justicia "Ami", ¡te digo que el fulano sale mañana, con ganas de esperarlo al desgraciado!*

—*Ya, calmate. ¿Y si en realidad él no fue? También eso debes de pensar, tú mismo me has contado lo rebelde que era tu hermana, puede haber más cosas que no sé.*

Oyeron los pasos de Ángeles que se acercaba a la cocina y Joel le hizo una seña a Amílcar poniendo su dedo en los labios, él aceptó con una afirmación en un parpadeo de ojos.

—*Buenas noches, hijo, buenas noches, Amílcar, ¿cómo les fue el día?*

—*Bien mamá, muy fatigado, bien ¿y tú?, ¿cómo pasaste el día?*

—*Bien, con la sorpresa de que mañana en la cena viene Alberto con sus padres a pedir a Nuria.*

—*¿A poco? Ella sostenía que no se casaría hasta terminar la carrera ¿por qué ese cambio?*

—*Yo lo veía venir, ya ves que ella no quiso irse a hacer su carrera a la capital. Me imaginé que cualquier rato decidirían casarse y pues por una parte está bien. Ya estoy vieja y prefiero verla ya establecida en su hogar.*

—*Pues dirás bien madre, aquí estaremos contigo para atender al cien a la familia de Alberto.*

—*Gracias, hijo, tengo que decirte algo que me preocupa. Mira cuando tu hermana estaba más feliz y entusiasmada planteando lo de su boda y yo aprobando todo, ella cambió su semblante, se llenó de terror y me aseguró de que había visto a Jimena. ¡Me dio miedo por ella hijo!*

—*¿No será por lo que me dijiste, Joel? Jimena está enojada y se anda manifestando. ¡Eso ha de ser!*

—*¡Calma, Amílcar!, le gritó Joel visiblemente molesto a su pareja.*

—*¿De qué habla Amílcar, hijo? ¿Qué está pasando? Por qué se tiene que manifestar Jimena. Por favor, ¡esto es de locos!*

—*Sí madre, es de locos, Amílcar está loco, claro que sí. Y por Nuria no te preocupes ha de ser que anda cansada, mañana hablo con ella. Pasa buenas noches madre, nosotros estamos cansados y también nos vamos a dormir.*

—*Está bien mijo, no se te olvide hablar con Nuria haber que te dice mañana.*

Y dando un beso a su madre en la frente, Joel se dirigió a la alcoba seguido por Amílcar quien en voz baja dio las buenas noches a Ángeles.

La solicitud de mano fue breve. Se notaba en el rostro de doña

Albertina y de don Lucas que por fin descansaban al creer que su hijo solterón empedernido y picaflor sentaría cabeza, claro que no mencionaron esos "atributos" de su hijo, no dejaron de elogiar a Nuria y de manifestar la felicidad que aquella unión les causaba. Don Lucas había llegado con una botella de Champagne por mucho tiempo guardada y decía repetidamente:

—*Sí, yo la guardé y me prometí no abrirla hasta que mi Alberto decidiera formar un hogar,* y volvía a llenar su copa.

Ángeles se mostró amable con doña Albertina que también se había despachado más de tres copas y se había vuelto una señora parlanchina, muy risueña. Joel estaba feliz oyendo las carcajadas de la consuegra de su madre, que retumbaban en aquella casona que hacía tiempo era presa de un silencio sepulcral. La noche se fue veloz, los padres de Alberto se despidieron y felicitaron y besaron a su hermosa futura hija política habían fechado la boda para dentro de seis meses, se casarían el 19 de agosto.

Nuria y Alberto se quedaron solos en la sala. Ángeles les dio las buenas noches y volvió al encierro de su cuarto, Joel dijo sentirse muy fatigado y también se despidió invitando a Amílcar a dormir.

—*¿Ya ves mi amor?, ¿qué te costaba? Me haces el hombre más feliz, pronto serás totalmente mía.*

Dijo Alberto a Nuria mientras la estrechaban muy íntimamente y depositaba el beso más apasionado que nunca. Nuria correspondió a él con todas sus fuerzas, ya nada impedía aquel amor y aquella ocasión que la quemaba desde que Alberto le proporcionó aquella primera caricia en su rostro y en su pelo.

—*Amor, tu mamá ya se durmió y tus hermanos también, invítame a tu recámara un ratito anda, no me rechaces ya no puedo más.*

Y sus manos inquietas traspasaban los límites que siempre habían sido impuestos por Nuria y respetados por él.

-*¡Sí mi amor, ven quiero ser tuya para siempre!*

De pronto Nuria lo empujó con una fuerza tan grande que Alberto cayó al piso mientras ella gritaba descontrolada.

—*¡Lárgate! ¡Lárgate! ¡Déjame en paz!*

Su mirada era de pánico de terror y sus gritos retumbaron en la casona blanca.

—*Amor calmate! ¡Yo no te estoy haciendo nada, qué te pasa! ¡Por favor calla!*

Ángeles, Joel, los dos hermanos menores y Amílcar llegaron a la sala rodeando a la pareja.

—*¿Qué está pasando aquí? Preguntó alarmado Joel. Nuria lloraba abrazada a Alberto.*

—*No sé cuñado, estábamos muy bien y de pronto ella me agredió me empujó me gritó, me corrió, aunque cuando ya le hablé, me abrazo con mucho miedo y no la puedo calmar, algo le pasa a mi Nully, y ni sé que es.*

—*Por favor cuñado, vete a descansar yo me hago cargo, te prometo que mañana temprano la llevaré al doctor.*

Suavemente Joel la arrancó de los brazos de Alberto y se la llevó caminando muy lentamente hasta su cama.

—*¡Mamá, mamita! Otra vez la vi, no me dejes mamita, algo quiere Jimena, ¡me da miedo!*

Ángeles la abrazó y se recostó con ella.

—*Estoy seguro de que Jimena está enojada porque soltaron al fulano, ¡no tiene paz su alma!*

—*Callate, Amílcar.*

Ángeles esperó ver dormida a Nuria y enseguida fue con Joel.

—*Hijo, ¿qué me ocultas?*

Al sentir la mirada sombría y desesperanzada de su madre que lo encaraba Joel no pudo más.

—*Mamá, hoy le dieron la libertad al asesino de Jimena.*

—*¡No! ¡No puede ser! ¡Que injusticia, Dios mío!*

—*Lo sé mamá, hoy me dijo un amigo que el dinero convenció al juez y lo exoneró del cargo. Es increíble. También me dijo que el caso no está cerrado y que seguirán las investigaciones. Así dicen, yo ya no les creo.*

Ángeles empezó a caminar hacia su recámara, su llanto silencioso nadie lo escuchó, ni retumbó en la casona blanca. Se durmió y sus sueños eran una verdadera locura, demasiados disparates sucedían en su sueño que la despertaron en la madrugada y la obligaron a tomar su Rosario y rezar hasta que vio que la luz del día le ganó a las tinieblas, entonces pudo quedarse dormida.

El teléfono de Nuria sonó, era Alberto. Qué pena tan feliz que estaba un día antes y con sus locuras todo lo había echado a perder. no eran locuras.

Ahora tenía que darle una explicación a Alberto, se sentía avergonzada, lo que le estaba ocurriendo no era nuevo, lo había callado porque sucedía en la noche cuando ya estaba en su cuarto y la visión no era tan nítida, creyó que eran sueños o figuraciones. Cada vez más espantoso, tenía que decirle a Alberto lo que pasaba.

—*Hola, amor.*

—*Nuria, ¿Cómo estás mi vida? ¿Qué te pasó ayer?, necesito saberlo. Tu hermano prácticamente me corrió y me sentí un tonto. ¡Ahora dime ¿qué pasa?, exijo una explicación de tu parte.*

—*Está bien Alberto, no te exaltes, dijo el doctor que he traído mucho estrés y por eso veo cosas que no son y ayer que estaba contigo.*

—*¿Qué pasó?, habla, ¿por qué te detienes?*

La pausa fue larga, Nuria no podía hablar, si le decía lo que veía o creía ver, la tacharía de loca.

—*Está bien señorita Priego Balsero, no se mueva de ahí, porque voy por usted para que me diga qué pasa.*

Acto seguido Alberto cortó la llamada y antes de que Nuria se repusiera se oyó el timbre de la puerta de la Casona Blanca. Nuria abrió y al ver a Alberto se echó en sus brazos llorando.

—*Perdóname, mi amor por el mal rato, por favor. ¡Todo tiene una explicación!*

—*La estoy esperando Nuria, habla.*

—*Buen día Alberto,* interrumpió Ángeles, que había oído el timbre y voces.

—*Suegra, ¡buen día! Estoy pidiendo a Nuria que me diga que pasó con ella ayer que gritó tan aterrada y me corrió.*

—*Yo te lo diré Alberto,* dijo Ángeles, *antes de que Nuria hablara ella ha andado muy estresada y en parte yo tengo la culpa, no le he puesto atención en mucho tiempo a mi hija y eso la ha afectado, dijo el doctor que pasará. Ella no sabe por qué le pasa eso, de pronto desconoce a quién está a su lado, dijo el doctor que no es nada grave, de verdad hijo tranquilízate.*

—*Gracias, mamá, creo que a mí me correspondía dar esa explicación.*

—*Lo sé hija, Alberto también necesita estar tranquilo al respecto y que mejor que yo que soy tu madre para decirle lo que pasa.*

—*Es verdad suegra, eso me tranquiliza más, quería decirle y hoy lo hablé con mis padres porque quisiera adelantar la fecha de nuestra boda, no veo por qué esperar tanto después de tan largo noviazgo. No sé, tres meses me parecen mejor que seis.*

—*Mamá, ¿oyes a Alberto! ¡Yo sí quiero mamá, adelantemos la fecha!*

Todo estaba calculado por Alberto, él aún tenía cierta interferencia en el negocio de la familia y veía que Joel andaba desesperado porque desde que él tomó las riendas el negocio iba para abajo.

—*Mira los libros cuñado, cuando yo estuve en el negocio creció, no sé qué te pasa, has de estar descuidando la producción o la calidad de ésta y estás perdiendo clientes.*

Le había dicho a Joel en días pasados. Joel revisó y no había encontrado buenas ganancias durante la administración de Alberto San Lucas, así que le dijo que iba considerar ponerlo de nuevo al frente cuando estuviera ya casado con Nuria. Ese era su apuro de casarse pronto, para seguir lavando dinero de sus ilícitos.

Así que se aceptó el adelanto de la boda, que no dejó de causar ciertas suspicacias entre el pequeño poblado, *"ha de ir en varas"* rumoraban, a Nuria ya eso no le importó y Ángeles en su mundo, llorando a sus muertos y participando en los preparativos de la boda; nada tuvo de fastuosa como las anteriores, la madre, como autómata rogaba que pasará todo rápido para seguir en su encierro.

En cierto momento de sus idas y venidas como anfitriona del festejo tropezó con Joel, madre al fin pudo ver algo diferente, o triste en los ojos de su hijo.

—*Hijo, te veo desganado, que te pasa, no tarda en llegar el Juez y el sacerdote. ¡Ven ayudame con estas botanas para las mesas!*

—*Sí, mamá, vamos,* contestó Joel que lejos de verlo animado casi podía estar segura de que vio una lágrima brillar en sus ojos. No le preguntó nada, tenía que dar la cara en la boda de Nuria ya todo parecía listo. Nuria en su recámara, frente al espejo, repetía algo incoherente cuando su madre se acercó a llamarla y se horrorizó al oírla.

—*Jimena, déjame en paz, déjame ser feliz, siempre me quisiste quitar todo, ahora tú ya no existes más! ¡Vete! ¡Vete!*

Los toques en la puerta y la voz de su madre la volvieron en sí.

—*Nuria, hija ya está todo listo nomás faltas tú.*

—*Ya voy mamá, ven dame un abrazo, dame tu bendición y dime qué seré muy feliz.*

—*Claro mi niña, has sido tan buena hija y hermana te mereces ser feliz.*

—*¿Verdad que sí? ¡Mamá! ¿Verdad que sí?* No me dejes, ven quiero aparecer de tu brazo.

La ceremonia empezó y Ángeles miró a su alrededor, de sus hijos mayores estaban Aurora y su esposo, Eliseo y su esposa, los demás hablaron diciendo que tenían impedimentos para estar presentes, mandaron sendos regalos a Nuria y Alberto acompañados de vídeos para excusar su ausencia. Vio a Joel, Amílcar no se veía por ningún lado. Era extraño. Esa era la tristeza de su hijo, lo vio muy pálido y ojeroso, tal vez no había dormido, *"tendrían problemas",* pensó.

—*Señorita Nuria Priego Balsero ¿aceptas como esposo a Alberto San Lucas para respetarlo, amarlo y ser su esposa hasta que la muerte los separe?*

—*¿¡La muerte!? O la muerta, ¡padre ahí está ella otra vez! ¡Vete! ¡Vete! ¡Déjame en paz! Alberto, mi amor córrela!*

Gritaba Nuria y como loca sacudía a Alberto exigiéndole que corriera a la aparecida. Todos estaban totalmente desconcertados, no entendían que pasaba. Alberto sujetó a Nuria por los brazos y enseguida la abofeteó.

Todo quedó en silencio, roto por un grito fuerte y una tropa de uniformados:

*"¡LA POLICÍA! ¡NADIE SE MUEVA!* Se encaminaron directamente a Nuria y a Alberto.

Eliseo brincó hasta donde estaba la pareja a punto de casarse.

—*¿Me puede decir qué diablos hacen aquí y por qué apuntan a mi hermana que es una indefensa joven?*

El policía de la voz mandante ignoró a Eliseo y sacando su identificación se dirigió a Nuria.

—*¡Soy el teniente Wenceslao Zatarain!, ¿es usted Nuria Priego Balsero?*

—*Si, yo soy,* balbuceó Nuria.

—*Queda usted detenida por homicidio con todas las agravantes en contra de la señorita Jimena Priego Balsero, tiene derecho a un abogado y a permanecer callada, todo lo que diga puede usarse en su contra.*

—*¡No es verdad eso señor policía! Ella es mi hija, ella siempre cuidó de su hermana menor, ¡hija diles que no es cierto! ¡Dilo! ¡Están inventando!*

—*Usted queda detenido por diferentes cargos señor Alberto San Lucas, su cómplice el Tarochi ha dicho todo, ¡así que caminando!*

Ángeles se abrazó a las piernas de su Nuria que llevaba una cara sin expresión alguna. Al ver a su madre a sus pies le dijo tres palabras que le traspasaron el corazón.

—*Sí, yo fui.*

Ángeles la soltó desmoronándose en el suelo, ya no vio cuando a empellones sacaron a su hija y a Alberto para llevarlos a la cárcel del pueblo.

Cuando despertó estaba rodeada del resto de sus hijos, nueras y yernos, a lo lejos una algarabía de chiquillos, eran sus nietos.

—*¿Qué pasó? Díganme que todo fue una pesadilla hijos por favor.*

Joel se acercó con su mirada triste y su rostro más pálido y ojeroso que nunca y abrazó a su madre.

—*Aquí estamos mamá. ¡Aquí estamos contigo!*

Ángeles empezó a sollozar y pidió a sus hijos que la dejarán sola con Joel. Cuando salieron lo enfrentó:

—*Hijo, el dolor que cubre ahora mi alma no me impide ver que tú estás sufriendo, te veo consumido y no veo a Amílcar por ninguna parte, dime qué pasa por favor mijo.*

—*Mamá, Ami es un ingrato, malagradecido. No pienses en él, no se merece ni estar en nuestra conversación, y aunque yo sufro mi dolor jamás se va a comparar con el que tú estás viviendo ahora y el que aún te espera, mamacita.*

Tenía los ojos llenos de lágrimas y sollozaba casi convulsionándose. Ángeles lo miraba interrogante, mientras Joel se sacaba del bolsillo de su pantalón un papel sucio y arrugado y se lo mostraba a su madre.

—*Amílcar me dejó esta carta mamá, no te la puedo leer, te estaría matando mi reina ¡oh! Mejor léela, no puedo ocultarte nada mamacita. Estaré en mi cuarto y también daré la cara a mis hermanos.*

Ángeles con el corazón oprimido extendió aquel papel y empezó a leer mientras su corazón se partía ya no en pedazos, sino en añicos.

—*Amado por siempre Joy, cuando despiertes me buscarás y no me encontrarás, he tomado esta difícil decisión porque no quiero ser testigo de las consecuencias de mi liviandad e infidelidad. Si, Querido, te fui infiel y no tiene caso decirte nombres, en el castigo llevo la penitencia, soy portador del virus del sida y aunque me acaban de diagnosticar, he notado en tí síntomas inequívocos de tan espantosa enfermedad. Por favor te pido me perdones. Me voy arrepentido y amándote como nunca. Tuyo por siempre. Ami.*

Ángeles sentía que no podía llorar más, se levantó con dificultad y empezó a recorrer la casa, aquella casona blanca que alguna vez la cautivó hoy la asfixiaba, vio de lejos a todos sus hijos en la estancia donde Joel les hablaba con lágrimas en los ojos... Vio a sus otros hijos mirándolo con un reproche infinito que no pudo soportar, sacó fuerzas de su gran amor de madre y se puso a un lado de Joel.

—*¿Qué haces madre!*

Dijo Eliseo con reproche y coraje. Ángeles lo ignoró y parada frente a ellos alzó su voz:

—*Óiganme, muy bien señores, ¡ustedes no son nadie para juzgar a su hermano! ¡Les prohibió que le falten al respeto!*

—*¿Mamá, no te das cuenta? ¡Nuestra familia está siendo arrastrada por el pueblo entero! ¡Si mi padre viviera se volvería a morir! Esto es insoportable, una... "Señorita" embarazada sabe Dios de quién y asesinada por su propia hermana y ahora un marica con sida en la familia.*

No terminó bien la frase cuando sintió la mano firme y pesada que le volteó la cara de una bofetada.

—*Te prohíbo que vuelvas hablar así de tu hermano, Joel es tan hombre como tú, a lo mejor más, pues tú no eres más que un macho sin sentimiento de hermano ni de hijo, vives de lo que dice la gente, ¡pues anda con la gente que te dé la familia que quieres!*

Eliseo agachó la mirada sobándose la mejilla. Ángeles tomo del brazo a Joel diciendo:

—*Vamos hijo, aún sacaré fuerzas, te tienes que atender, te llevaré con mi doctor.*

Salieron de la casa y ya en el carro de Joel este lloraba con hondos sollozos.

—*Hijo, cálmate por favor, te va a hacer daño tanta tristeza, anda vamos con mi doctor él nos dirá qué hacer.*

Hablaron largo y tendido con el doctor, quien les prometió vincular a Joel al sistema de salud para que adquiriera los medicamentos que mejorarán su calidad de vida.

—*Serénate muchacho, hoy en día el Virus de Inmunodeficiencia no mata a nadie, te voy a recomendar que leas este libro y mañana yo les daré instrucciones cuando y con qué especialista irán para que empieces un tratamiento de inmediato.*

*Al salir del consultorio, ángeles preguntó a Joel.*

—*¿Qué hora es hijo?*

-—*Son las cuatro y cinco madre.*

—*¿Te sientes mejor hijo mío?*

—*Sí madre, la información que nos dio el doctor me ayudó mucho.*

—*Bien, entonces vamos al Juzgado, es la hora en que estarán presentando a Nuria, quiero oír su declaración.*

—*¡Madre! No tiene caso, ella ha dicho mentiras, todo se aclarará. ¡A lo mejor cubre a alguien, no te hará nada bien estar ahí!*

—*Hijo, la mirada de tu hermana era fría, sin arrepentimiento. No me la puedo quitar de mi cabeza. He fracasado como madre, mi Jimena embarazada y asesinada, mi Nuria Asesina, tú enfermas y tus hermanos unos soberbios. Necesito estar ahí, ¡saber en qué momento se me escaparon mis hijas de las manos... ¡Llévame por favor, hijo!*

Joel respiró hondo y se dirigió a los juzgados. Pronto estaban en la sala, llegaron en el instante en que Nuria era llamada a sentarse en el banquillo de los acusados a dar su declaración. Apenas si levantó la mirada, la posó un instante en su madre, luego en su hermano y siguió su camino al banquillo frente al estrado.

Cuando Nuria empezó a declarar, en su mente empezó a vivir cada momento de aquel día. Recordó que cuando Jimena salió, Nuria decidió seguirla para ver con quién se veía, ella sospechaba que Jimena escondía un amor y muy dentro de ella los celos le indicaba que era Alberto el amante de su hermana menor. La siguió lo más de cerca que pudo y tratando que Jimena no se diera cuenta, cuando llegó al parque aquel lleno de matorrales escuchó la discusión que Jimena tuvo con el danés, oyó que le dijo que estaba embarazada de él, Nuria estuvo a punto de salir a la defensa fenomenal, sólo que al oír lo que dijo el danés los celos se mordieron como fiera rabiosa su corazón. El danés le dijo que fuera a buscar a Lucas, su amante. Recordó como empujó a Jimena y se fue. Luego Jimena se levantó y fue a dar a la casucha donde vio y oyó como Jimena le gritaba a Lucas y le reclamaba que cumpliera con su responsabilidad, cuando Lucas la empujó y de una patada la hizo caer al suelo sintió que no podía más, vio a su al rededor ahí estaba una piedra, Jimena no le quitaría su felicidad, ni la haría quedar en ridículo, así que tomó la piedra y viendo que Lucas se había encerrado, se acercó silenciosamente a

Jimena que lloraba y profería maldiciones. No se dio cuenta de donde llegó el golpe, perdió el conocimiento de manera inmediata y Nuria enloquecida le asestaba varios golpes con aquella piedra, inmediatamente se percató de que Jimena ya no respiraba, se asustó mucho de lo que hizo, ya estaba hecho.

—*Si la dejo aquí le pueden echar la culpa a mí Alberto.*

Paseó la mirada, se dio cuenta de una zanja abandonada, tal vez era para drenaje o algo así, arrastró el cuerpo, le hecho varias piedras que encontró y una poca de tierra de la misma zanja. "

*("—No dirás qué te faltó sepultura hermanita, no volverás a quitarme lo que es mío, ¡descansa en paz!").*

Esa fue la despedida que le dio a su hermana, se sacudió la ropa y fue a tocarle a Alberto.

*("—Amor, ¿qué sorpresa, que haces aquí?"*

*("—Busco a Jimena me dijeron que la habían visto por estos rumbos"*

*("—No, mi vida, tu hermanita jamás viene por estos rumbos, pasa, pasa".*

Esa noche, (ahora lo recordaba) Lucas la había hecho el amor y ella le había correspondido apasionadamente. Lo había olvidado. Con razón el siempre buscaba la manera de repetirlo, ella se había bloqueado. Ese hecho de su mente. Salió después de estar con Lucas y llegó tarde a su casa.

—*Recuerdo ese día mamá, ella me dijo que venía de buscar a Jimena,* le dijo Lucas a Ángeles.

—*Dios! ¡Ese maldito de Alberto San Lucas debería estar muerto o en la cárcel en lugar de mis niñas! Él es el verdadero culpable.*

—*Vámonos hijo, me siento muy mal.*

—*Te lo dije mamá, no debiste venir.*

La policía con la ayuda de la DEA que ya investigaba a Alberto por el tráfico de ilegales y que eran parte del trasiego de drogas allende la frontera, tenían en sus archivos un perfil genómico de los delincuentes que merodeaban la cercana frontera. Cuando la policía de investigaciones del estado hizo contacto con ellos para solicitar su colaboración, ya tenían tiempo con el cadáver de Jimena, el cual conservaban para hacerse de más información como la búsqueda de rastros del victimario en el cuerpo inerme de la joven por eso continuaban entrevistando a familiares y amigos reteniendo cualquier declaración al respecto.

El equipo forense había trabajado intensamente llegando a la conclusión que la habían asesinado de manera brutal con una saña increíble que los hizo pensar que debía ser el victimario un delincuente desalmado. Encontraron pelo entre los dedos y piel en una uña casi desprendida; el cráneo masacrado y partido, casi vaciado el cerebro. Cuando descubrieron que estaba embarazada se intensificó el estudio forense en sus partes íntimas y encontraron vello que no correspondía a la víctima, así como restos de semen. Revisaron el feto y extrajeron tejido y líquidos para hacerle un estudio de ADN que los llevaría al progenitor.

Confrontando los datos de la DEA encontraron que correspondían a Alberto de quien ya contaban un estudio completo de su cuerpo. Subrepticiamente unos agentes encubiertos le habían recogido envases de licor y llevados a los laboratorios de Estados Unidos; el feto correspondía al delincuente, pero el vello púbico a otra persona del sexo masculino. El cabello entre los dedos, no. Aunque el DNA mostraba cierta afinidad con la de la víctima, no era de ella.

El día que fueron a visitar a la familia para preguntar si

sabían algo de la joven, ya tenía los resultados de laboratorio de ambas agencias, uno de los agentes palmeo el hombro de Nuria y otro al de la madre y el hijo y quienes llevaban adhesivo para recoger muestras de pelo caído en las espaldas.

El resultado de la investigación les obligó a hacer doble pruebas porque mostraban un estrecho parentesco con el cabello de la víctima y otra persona cercana. Joel fue uno de los primeros confrontados químicamente, ya que mostraba un intenso nerviosismo y confusión, afectado por el abandono de su pareja y no por otra cosa como desconfiaran las autoridades policiacas. Eso los llevó a aplicarle varias pruebas a los demás hermanos recayendo en Nuria las pruebas más contundentes. A Alberto se le comprobó la violación de la víctima por comprobar que era el padre del feto, se le inculpó el delito de estupro con agravantes, además del tráfico de seres humanos y estupefacientes. Por tal razón cuando detuvieron a Nuria le leyeron un legajo de documentos y pruebas periciales, no opuso resistencia, sintió alivio por la opresión que sufría, las noches sin dormir, y el terrible remordimiento que no tuvo más que confesar.

Los migrantes que encontraron vagando por el desierto americano delataron a los traficantes para reducir sus penas, porque que eran amenazados de muerte para que sirvieran de burros de carga para la droga. La policía mexicana agradecidos con las autoridades americanas entregaron a los delincuentes sin más trámites que llevarlos directamente a la aduana, de esa manera se deshacían de personas tan peligrosas, con excepción de Nuria quien pagaría en México su terrible delito, por lo que pasará el resto de su vida en una prisión federal.

En la casa, los hermanos se habían quedado en un silencio sepulcral que ninguno se atrevía a romper después de que su madre les llamara la atención por discriminar a Joel. Cada uno se enfrascó en sus pensamientos hasta que el más joven de los Priego los encaró:

—*Ya han pasado más de tres horas y mamá y Joel no aparecen, ¿no piensan hacer nada?*

—*Claro hermanito, tienes razón. Le marcaré a mamá.* Dijo Alba mientras usaba su teléfono móvil.

Hacía rato que Joel y su madre caminaron un poco después de presenciar las declaraciones. Afuera de los separos de la policía, la madre y Joel se dirigía a su residencia. Siguieron caminando y de pronto, Ángeles exclamó:

—*¡Para, para!*

—*¿En dónde, mamá?*

—*Ahí, mira, en esa iglesia, el ministro es hijo de mi buena amiga, está abierta. No me digas que no me acompañas hijo, ven necesito ir, no puedo más.*

—*Lo que tú digas mamá, sólo te recuerdo que no es un templo católico...*

—*Lo sé hijo, en lo más profundo de mi corazón, siento que mi amiga tenía tanta razón. Sus ojos llenos de paz y de amor no los he podido olvidar. Yo quiero un poquito de "eso' para mí, estoy tan cansada.*

En eso suena su teléfono y una voz alterada le pregunta:

[*"—Mama! ¿Dónde estás? ¿Está Joel contigo? ¿Por qué no han regresado?* ].

Del otro lado del auricular Ángeles fue muy seca.

[*—Estamos bien y nos encontramos en un servicio en la iglesia de la Alameda*].

[*—Mamá, ahí no hay ninguna parroquia que yo sepa... ¡Oh, ¿no me digas que estás en un templo aleluya?*]

[*—Exactamente hija, los veo más tarde,*] y cortó la llamada.

Joel se dirige a su madre:

—*Mamá, te desconozco, le hablaste muy seria a Alba.*

—*No te preocupes hijo, ellos jamás aceptarán que yo venga aquí a buscar consuelo a tanto dolor.*

En el estrado el pastor hablaba del amor más grande:

*[" —Venid a mí, los que estén trabajados y cargados yo los haré descansar", ven a Jesús, hazlo el señor de tu vida, hay una vida plena en Jesucristo"].*

Conforme el ministro hablaba, Ángeles se admiraba más,

—*Parece como si me hablara a mí,* dijo dirigiéndose a Joel que, para su sorpresa, lloraba copiosamente.

*[" —Nuestro Dios te ama, por eso envió a su hijo y dice su palabra: que su hijo no vino a juzgar al mundo sino para que el mundo sea salvo por Él"].*

El ministro hablaba y llamaba a entregar su vida a Dios.

*[" —Él tiene un milagro para tu vida, no importa tu situación ni tu condición, ¡Él te llama y está dispuesto a no dejarte jamás!"].*

—*Madre, yo quiero aceptar esa invitación, ven conmigo.*

—*Sí, hijo mío, vamos, aunque nuestra vida ya no vale nada. ¡Dios, qué ciega fui!*

El ministro hablaba y cada palabra caía en sus corazones como una fuente de agua en un desierto. Cuando se acercó a ellos para darles su bendición, Ángeles no pudo más y le preguntó:

—*Pastor, sé que usted es hijo de mi amiga Mildred, dígame una cosa. ¿Ella le contó mi vida?*

—*No hermana, mi madre me he habló de usted hace mucho tiempo, me dijo que si un día me visitaba la atendiera como si fuera mi madre, ella hace tiempo que partió al hogar celestial.*

—*Mi buena amiga. No la volví a ver.*

—*Yo no conozco su vida madre, Dios sí la conoce, entréguese a Él y crea que Él no nos falla, cumple sus promesas.*

—*Sí, me quiero rendir a Jesús.*

—*Yo también, dijo Joel.*

Entonces el ministro imponiendo sus manos los guio en una oración, que parecía tener muchos ecos. Al final su llanto no era ya del dolor profundo, sino era un llanto liberador. De pronto sintió sobre sus espaldas y hombros muchos brazos que la rodeaban, abrió los ojos, Joel seguía hincado, llorando y también notó que lo abrazaban, no habría bien los ojos, cuando oyó la voz de Ezequiel

—*Madre, aquí estamos contigo*—, abrió los ojos y se vio rodeada de todos sus hijos.

—*¿Qué hacen aquí?*

*Hemos visto como sucede un milagro en ti. ¡También nos hemos rendido a Jesucristo Nuestro Señor!*

—*Sí, mamá,* dijo Aurora, *nos molestamos mucho al saber que te habías refugiado aquí y creímos que estabas traicionando nuestra fe y corrimos a rescatarte, al oír al pastor sentimos la necesidad de venir al altar.*

—*Venimos a rescatarte y Dios nos ha rescatado,* dijo Alba.

—*Perdón mamita, te habíamos dejado sola, no volverá a suceder, estaremos unidas y Dios nos ayudará a rescatar a Nuestra Nully del mal que la hundió en la ignominia.*

—*Si, hijas, ¡yo hablaré con el pastor para que nos acompañe a visitarla.*

—*Joel, perdonanos, por favor. Deja que te apoyemos en todo. Te amamos mucho hermano,* dijo Eliseo y se abrazaron estrechamente, mientras lloraban y eran contemplados con amor por el pastor y su congregación.

Al despedirse el pastor les dijo:

—*Vayan con Dios y recuerden que "el que está en Jesucristo, nueva creación es, las cosas viejas pasaron, he aquí, todas son hechas nuevas, el hace nuevas todas las cosas para los que le aceptan y viven en Él, porque esto no es religión hermanos, es un estilo de vida, es Jesús mismo en nosotros". ¡Dios los bendiga y, vuelvan pronto!*

Después de salir de la iglesia, Ángeles al llegar a su casa, suspiró. Ahí estaba su hogar, la casa que siempre amó y donde también vivió lo mejor de su vida. ("Dios es bueno"), pensó, levantó la voz y dijo:

— *"En la casona blanca volverá a brillar el sol, ¡Gracias Dios!"*

FIN

# Palabras finales del editor

*Maestro en creación y Apreciación*
*Literaria IEU, Puebla, Puebla.*
***Guillermo Beltrán Villanueva***

Editar *"La Casona Blanca"* se convirtió en varios retos, el primero fue cómo sincronizar dos discursos tan distintos de los coautores en la trama; el de *Noemí Hernández López* cuyo estilo poético, su principal género, es sencillo, pausado, melodioso, y profundamente emotivo y, *José Agustín Pérez,* más académico y contestatario, surgido como escritor de las luchas de izquierda revolucionaria, ya en sí se presentan como dos estilos muy diferentes. De igual manera, me enfrenté al trabajo de hacer coincidir en una historia, las descripciones, diálogos sin que se apartaran significativamente del vocabulario de cada personaje.

Recuerdo el comentario de Noemí que luego incluye en su presentación:

*"—Dentro de las paredes de cualquier casa, siempre se tejen historias que, la mayoría de las veces quedan atrapadas y ocultas dentro de ellas. La casona blanca no es la excepción. Pues aunque la historia está basada y se desarrolla dentro del mencionado aposento, si he de ser sincera solo me constan los sucesos que se dieron fuera de la casona; lo íntimo, lo escondido lo que se desarrolló bajo su techo a puerta cerrada lo saqué de mi ligera imaginación y al final y para mí sorpresa todo ensambló como en un rompecabezas, aún la rica y bien nutrida aportación en*

*interesantes segmentos de mi gran amigo Guillén Pablo fueron cayendo en esta narrativa como piezas claves para llegar al clímax y luego a un final".*

Cada uno con su discurso, vocabulario y gramática diferente y el uso o carencia de signos necesarios en las expresiones. Solicitar una y otra vez la adaptación de la historia a un sentido de verosimilitud apartada de la fantasía en que a veces nos entrampamos los poetas al ser demasiado soñadores y optimistas que, muchas de las veces, nos conduce a la fantasía y nos aleja de la realidad.

Esto me llevó a un diálogo colectivo con los autores para escudriñar cada detalle, situación complicada, pues dadas sus ocupaciones difícilmente coincidíamos los tres. Ante ese inconveniente los comentarios se hicieron con cada autor en momentos distintos, lo que dificultaba el avance de la edición.

*"—Me gusta lo que están haciendo ustedes, dos amigos entrañables, sus propuestas, su originalidad en cuanto a la forma.*

*Noemí:*

*—Para mí, el resultado sinceramente, a primer impacto lo consideré catastróficos. Sin embargo...*

*Enviaste*

*—No. Es como si cada uno se empeñara en descifrar al personaje, un ser humano, sin duda, de carne y hueso, con sus máscaras, con su mente discutiendo cual apariencia presentar.*

*Respondiste a Noemí su mensaje original:*

*(Para mí, el resultado sinceramente, a primer impacto lo consideré catastrófico).*

—*No, no, de ninguna manera. La idea ahí está. Me van a arrimar una "chinga" con la corrección y darle sentido, pero me encanta. Es un gran reto.*

*Denme vida, amigos, me he sentido muy desanimado con eso de que esté quedando inválido con tantos proyectos y deseos de escribir y ayudar a los escritores y artistas. Me entusiasta tanto su idea. Así es que a trabajar en cada aspecto del personaje cada uno, me lo mandan y conversamos como encajar en la historia".*

*Noemí:*

—*Sin embargo, te decía, al ir desarrollando la trama me sentía como en un desafío, pues veía que mi nivel no daba mucho, pero al mismo tiempo sucedía lo que al principio, veía los textos que me enviaba José Agustín,*

*y me provocaba una gran emoción y me daba ánimos de seguir. Fue algo excepcional.*

—*Así es. Tú lenguaje es muy importante en el personaje, lo haces muy original. Ya veremos cómo encajar ambos estilos. Son muy buenos.*

—*Pues me das esperanza. Aunque me gustó mucho, no le daba posibilidades de vida a este trabajo.(1).*

Desde ese momento quedé atrapado en la historia. Quise saber más y tenerla en mis manos, a pesar de sufrir una serie de tratamientos, pero sabía que el editar esa obra que tanto me entusiasmó sería un paliativo a mis dolencias. Creo que lo más difícil fue ignorar las dolencias que causan el estar sentado por horas revisando y corrigiendo un texto, aunque estos malestares las mayoría de las veces se olvidan o minimizan cuando uno se enfrenta como editor a un proyecto de novela de gran calidad y potencial, que incluso me atreví a escribir las conclusiones al final de la novela para llenar algunos huecos que llevarían al lector común a la necesidad de conocer algunos detalles.

Dos objetivos, Noemí con una gran historia basada en hechos reales en una comunidad del norte de Sonora, México, con ganas de novelarlo, acudió a la ayuda del profesor José Agustín para darle forma y considerar su posible construcción que llamara la atención del lector, el primero, por supuesto, el editor.

Alrededor de un año los llevó a reunir el material que compartían por medio de mensajes. Al recibir el texto donde se reunió todo el material me di cuenta de que algunos lo iniciaban con fecha y hora de envío, mas no de remitente o destinatario. Fue interesante tratar de descubrir por medio del trozo compartido identificar al autor de tal o cual párrafo.

Desde luego que en las primeras etapas de la edición no se profundiza en el contenido, sino a darle forma al libro, repartir los espacios, episodios y capítulos y enseguida a la corrección de signos, letras, palabras, la claridad de las ideas, la corrección ortotipográfica detallada y a desentramar las ideas, el contexto, las historias y sobre todo el discurso total de la novela, entonces me enfoqué en las expresiones, diálogos hablados y pensados, citas, anuncios, consignas, al final de todo este trabajo empecé a "leer" la obra.

Sin duda fue la parte más interesante del trabajo de edición, cómo "homogenizar" el discurso de los personajes de cómo se expresaba cada uno viniendo el texto de un autor o de otro, incluso de cuándo profundizar en el texto narrativo tal escena o acción. Así que a veces pasaba de una narración sencilla a la visión poética y sofisticada de otro narrador y que debía combinar como momentos de reflexión del personaje del que se trataba. Asunto que me llevó a muchas ideas para "aconsejar" a los autores en agregarles más descripciones poéticas del narrador en ciertos pasajes que consideraba fríos o desangelados al de otros en que se exageraba la visión de un maleante, (no dudo que tengan algo de humanidad, pero leve y siempre proclive a culpar a los demás de sus acciones).

Recuerdo un momento en que felicité a Noemí por la manera tan hermosa de describir un pasaje. Con la sinceridad que le caracteriza, me contestó: *"ese pasaje no es mío"*. Admiré su honestidad y le extendí la felicitación al maestro José Agustín, quien lo escribió. Nada más que a partir de esa anécdota les pedí que agregaran más narraciones como esa y eso alargó el proceso. Fue un comentario que tuve con Noemí a través del mensajero:

(*"Dom, 09:48*

*Enviaste*

*Qué hermoso párrafo, me emocionaste con lo que dice. Es poesía pura: (A veces las cosas más escondidas, más secretas, están a la vista de todos, a plena luz del día, tal es el caso de Lucas Alberto, le robó el sueño, el futuro prometedor, el florecimiento de la flor tierna desflorada a destiempo; pobre Jimena, guiñapos son los pétalos esparcidos sobre el suelo que más adelante el vientecillo los llevará al confín del olvido.*

*Dom, 10:18)"*

Con una sensación que colmaba mi espíritu de poeta, le reafirmé:

*Enviaste*

(*"...guiñapos son los pétalos esparcidos sobre el suelo que más adelante el vientecillo los llevará al confín del olvido...")"*

Son las frases memorables que se quedan en el lector. (también soy lector, ¡eh!, ¿Noemí?

Ella contestó a mi mensaje:

(*"Mensaje original:*
*[Qué hermoso párrafo, me emocionaste con lo que dice. Es poesía pura: A v…].*
*—Este párrafo es todo el mérito para nuestro ínclito amigo Guillén. A mí también me encantó…".*
*—Estoy tan emocionado con la novela que se me olvida que tengo una intervención en la región lumbar y debo estar preparado.*
*—No te presiones querido amigo. Recuerda que tienes que estar relajado para tu cirugía. Mejor para y la puedes dejar para cuando estés totalmente recuperado. De verdad amigo).(2).*

No le hice caso, por el contrario, me fui a la conversación con José Agustín:

(*"—Maestro Agustín. Lo lograremos. ¿Sabes que los escritores que empiezan su obra literaria, con poesía son las mejores? 'En un lugar de la Mancha… Cervantes" "Vine a Comala porque me dijeron…Rulfo", Quería hablar, pero no pudieron; había lágrimas en sus ojos, Dostoievski, "…una piedra, una hoja, una puerta ignota…": Thomas Wolfe.*

*Las mejores historias son aquellas que desarrollan "emociones" en los lectores. Y eso se logra con el sufrimiento, el amor, la desesperación, las luchas, los retos, se identifican con los personajes y les dejan una lección de supervivencia.*

*Un poeta escribe "emociones" ya tiene la costumbre, la idea es mejorarlas a través de la novela y llevarlas a un plano universal del ser humano que lo identifica.*

*Mándame tus textos. Ya veremos qué hay que modificar o*

*adaptar.*

*Conocer los elementos de la novela y acomodar el desarrollo de esas emociones de tal manera que impacten. Ya lo verás cuando se trate de que la "emoción" que quieres transmitir no se logra del todo. Es lo que tienes qué trabajar. Por eso es mi interés que lo enriquezcas de esa manera. Toda buena obra conlleva los demás géneros, novela, cuento, teatro, cine, y Poesía y eso haces muy bien. Bueno. Descanso mientras hacen la tarea. Uf, sí que estuvo cansadito el asunto.*

*Un gran abrazo a ambos.*

*Agustín:*

*—Ahora a descansar, tómate el tiempo, lo importante es tu salud y tu rehabilitación.*

*—Mi estimado Agustín, ojalá y no eches en saco roto las sugerencias y agregues esos pasajes maravillosos lleno de poesía. Hay muchas posibilidades en esos campos que dices al principio de tu estudio y que no se reflejan en la descripción del paisaje.*

*Hay momentos que puedes magnificar como cuando el asesino arrastra a la niña y se acerca al bosque, allí el reto no es describir al asesino, sino que el paisaje describa la terrible acción. Ya sea un paisaje tenebroso, una lucecita que se apaga, algo que se esconde entre la zanja, rocas que ruedan al fondo y se tiñen de rojo.*

*Agustín:*

*—Me agarraste ayer desprevenido, hoy escribiendo atrás del espejo la parte oscura, o no contada de los personales de la Casona blanca. Gracias por todos tus consejos, los tomo en cuenta, trataré de adjuntar tus sugerencias a los diálogos mencionados e enriquecer la obra.*

*—No voy a salir a Facebook un rato pues quiero*

*dedicarme a tu novela, para que la perfeccionemos al 100.*
*—Maestro. Deje la edición para cuando se reponga.*
*Saludos. (3).*
   *(1,2,3)* Textos tomados del libro "Memorias de un
                  editor" de mi autoría.
Por supuesto. No le hice caso y continué con la tarea después de terminar unos cuatro libros propios todavía en el tintero y sin presentar.

Quiero destacar el trabajo de Noemí Hernández López al escribir y compartirnos esta historia; la coautoría de José Agustín Pérez, la construcción dedicada y hermanada de esta obra; sin ellos no hubiese tenido en mis manos esta novela "La casona blanca" descrita magistralmente por los autores en los textos que abren la novela; una historia singular de una familia de clase media con relativo éxito económico producto del trabajo y el amor de una pareja que fundó su familia, y dadas las terribles circunstancias en que se vieron envueltos los llevó a situaciones sumamente difíciles de solventar, que les causaron el resquebrajamiento del seno familiar al verse en manos de delincuentes que los llevó a situaciones y decisiones terribles entre los miembros de la familia. Romance, traiciones, pérdida de fe y valores, víctimas y victimarios, desolación, muerte, suspenso…

Me atreví a ofrecer varias sugerencias con el fin de darle verosimilitud a la novela, adaptarla a un texto premoderno, es decir, intentos por llevarla al posmodernismo, tarea que no fue fácil para los coautores, declinando en separar a los narradores y convertirlos en narradores testigos, como hoy enriquecen las historias de cine y novelas donde se juega con diversos narradores en diversos tiempos y espacios, para ubicar la novela en una historia sin tiempo y lugar posibles en su propio universo del devenir humano. Propuse de igual manera pasajes poéticos que sustituyeran los hechos crudos como el asesinato de Jimena, o las conclusiones de cómo Nuria se descubrió como asesina material. Sucesos como el ver a Jimena en el bosque en esa oscuridad donde la rapiña se atrevió a profanar los restos y contarlos poéticamente. En fin, algunas propuestas se escucharon, otras se desentendieron.

Todo ello dejó claro que los autores tenían la responsabilidad de ofrecer su propuesta y la mía, era corregir, formar, sustituir signos, secuenciar tiempos, concatenar ideas, corregir puntuación, conjugar verbos, personas, número tiempos y modos. Y sobre los tiempos histórico, interno, de los creadores, de la edición y publicación. Si los narradores conocen o no la historia y son capaces de adentrarse en los pensamientos de los personajes. En fin, cada uno de los elementos que podrían enriquecer una historia sencilla y transformarla en un texto capaz de convertirse en novela. Y tal vez, en un futuro promisorio adaptarla para película y escribir el guion para ello.

Afortunadamente el maestro José Agustín Pérez a pesar de sus limitaciones de salud igual que las mías como secuelas del contagio por Covid, sacamos fuerzas de flaqueza para agregar algunos párrafos que le dieran coherencia, como las declaraciones de Nuria sobre los hechos que llevaron a la muerte a Jimena. Los resultados de la investigación policiaca y la cooperación de autoridades extranjeras para detener el tráfico de ilegales y drogas.

No faltó la propuesta de mi parte de un panadero que ronda mis historias juveniles que al final de cuenta me unen con los autores al vivir una infancia humilde, pero inspiradora para abordar la poesía, la crítica y la narrativa como crecimiento espiritual y literario. Les comparto un texto que podía haber cerrado la historia y que no me atreví

a agregar al cuerpo de la novela, por parecerme que invadía
la autoría de la obra a ofrecer otro final *Encore*.

*"Poco después de desaparecida Jimena, se organizó una intensa
búsqueda de la joven y un muchacho panadero que veía a Jimena
pasar a la carnicería del Beto, ni lo pensó dos veces para hacer su
propia investigación alrededor de los nefastos personajes que
merodeaban a Jimena de la que estaba perdidamente enamorada
cuando ella trabajó poco tiempo en el despacho de la panadería.
Hubo testigos mudos a los sucesos y aquel pálido panadero que
ahora ya era un joven, se acercó y me contó sus conjeturas. Era
muy observador pues también a él le gustaba Jimena y todo lo
relacionado a sus andanzas. Tal vez para ella fue un panadero
más en ese lugar que trabajara brevemente.*

*Nunca sabemos quiénes a nuestro alrededor, en ciertos
momentos de su vida somos tan importantes que les
construimos un mundo de ilusiones y eso les da aliento para
seguir adelante, no importa que inicien su vida laboral en el más
humilde de los oficios si esos esfuerzos les enriquecen la vida con
esperanzas e ilusiones sobre un posible amor.*

*Al "Niño yemas", mote con el que conocían al panadero por
su palidez trasnochada por el horario de trabajo, le fue fácil
reunir información delicada con la policía a la que le llevaba sus
panes para el cafecito mañanero, sobre su amor platónico. Fue
un golpe muy duro para el jovencito enamorado e ignorado por
la dulce prenda de su amor, se fue lejos del pueblo y juró que
algún día aportaría algo en esta novela, la historia en donde él
fuera el protagonista y no un testigo incidental que sufre y llora
la irremediable pérdida de su amor platónico.*

*Tal vez uno de los narradores lo tomen en cuenta como
debieran tomarse a sí mismos, quienes presenciaron a corta
distancia esos terribles acontecimientos; la autora como una
condiscípula sobresaliente en la declamación y representación de
su escuela con logros que trascendieron en el tiempo, la historia*

*más lograda de esas niñas de su escuela, y, el otro autor, un profesor agazapado en observancia de esa generación perdida en la ignominia del deseo, la lujuria, la traición y la anécdota casi olvidada de esa lúgubre mansión testigo de mis pasos de hace muchos años.*

*(Siguió caminando por aquellas calles llenas de recuerdos. Poco a poco la casona blanca se fue iluminando ante sus ojos y vio, como en los mejores tiempos cuando él se asomaba, una Casona Blanca iluminada por la alegría de las jóvenes, la tranquilidad del padre al regresar del trabajo, la amorosa esposa cuyo amor profundo les apasionaba; los hijos y sus nietos, la familia reunida, y una estrella que la iluminaba desde el alto cielo. Nuestro Señor Jesucristo que había borrado todo vestigio lúgubre y oscuro con su Santo Evangelio. Cada uno de sus moradores vivían en Paz bajo la Fe que al fin les había cubierto sus rostros y bendecido sus vidas.*

MUCHAS GRACIAS.

# ACERCA DE LOS AUTORES

## NOEMÍ HERNÁNDEZ DE VALDIVIA

Soy nacida en 1960 en Magdalena, Sonora.
Contadora técnica en Informática. Diplomada en Promotoría
Cultural, Luchadora Social...

Escribo poesía y prosa desde los 8 años. Tengo algunos centenares de poemas, más de 50 recitales dentro y fuera del país. Participaciones en diferentes medios de comunicación. Tengo 4 CD's con poemas y un libro y sigo dándole.

Es lo que soy y no gracias a mí, sino a mi Creador y Señor Jesucristo que me ha puesto en un camino dónde es más lo que recibo que lo que doy. Un camino dónde la interacción con mis semejantes me es indispensable y Retro alimentaria y qué mejor muestra que esta anécdota literaria entre el ustedes y Yo. He publicado los poemarios **Despertar, Tormenta y Arcoíris**, la crónica **El Cerro de la ventana.** Hoy presentamos mi amigo **José Agustín Pérez** y su servidora **Noemí Hernández López**, la novela **"La Casona Blanca"** Gracias a la edición, consejos y guía de nuestro amigo **Guillermo Beltrán Villanueva**.

## *JOSÉ AGUSTÍN PÉREZ*

Para mi familia y amistades cercanas, Soy conocido como **Prof. José Agustín Pérez**, sin embargo, mi alter ego se impone a la hora de escribir y me obliga a utilizar el nombre de *Pablo Guillén*, el cual me gusta y me agrada. Soy un mexicano radicado en el estado de

California, en la ciudad de Stockton, a 40 minutos de Sacramento, la capital del estado. Nací en Majadas, Nayarit y desde los ocho años hasta mi vida adulta, viví en Mexicali, donde cursé la mayoría de mis estudios, soy graduado de la UABC de la Facultad de Pedagogía como profesor de secundaria en Ciencias Sociales.

Estando en quinto de primaria (1967) comencé a escribir mis primeras poesías en verso, por cierto, muy malas, utilizando el pseudónimo *Juan Roberto Duarte*, posteriormente firmé como *Agustín*, y en 1977 adopté el nombre *Pablo Guillén*. En 2009 me inicié como cuentero por lo que alterno hoy día mi actividad de poeta y escribidor de historias. Mi trabajo va de escribir poesía a las diferentes musas de mi inspiración como a las de corte social debido a mi formación política de izquierda, aunque no descarto cualquier tópico que llega a mi mente, por la realidad en que vivo y mucho de mi narrativa está basado en el mundo abstracto de mis sueños.

Inicié el largo camino de la poesía que no ha terminado, a la fecha, debo anotar, hace doce años agregué a mi autobiografía el cuento, la novela corta que se han plasmado en **Azul, tu nombre, Amaranta y "Una vida, muchos poemas".** Nunca pensé tener una agradable experiencia de escribir una novela con mi amiga Noemí Hernández López, **"La casona Blanca",** que hoy presentamos.

Suyo. **Pablo Guillén**, avatar de **José Agustín Pérez.**

EL EDITOR

**Guillermo Beltrán Villanueva** (Ciudad Obregón, Sonora, 1947), fue integrante de la primera generación de la Escuela de Humanidades de la Universidad Autónoma de Baja California (UABC), graduándose en la generación 1994-1998, como Licenciado en Literatura de Hispanoamericana.

Miembro fundador del Taller de Poesía y Composición del ITT, con el maestro Jesús Gerardo Villegas, en 1974.

Ha creado diversas revistas y periódicos en su comunidad y centros de estudios, dirigió el primer periódico estudiantil de la Escuela de Humanidades. En 2006 se le seleccionó un poema en lengua inglesa: "The Sigh", para abrir la colección denominada "Timeless Voices", compilación del editor Howard Ely de The International Library of Poetry. Es egresado del Instituto de Estudios universitarios de Puebla en la **Maestría Apreciación y Creación Literaria.** Actualmente cursa una segunda maestría en Historia en la misma Institución. Ha publicado más de 30 libros propios y editado unos 30 libros más de escritores emergentes. Ha concluido la trilogía de libros **"Desde mi soledario"**, con el poemario: "Soledario", la novela: **"Tisandie, ciudad desolada"** y, las vivencias familiares durante el contagio de Covid-19 en el libro de crónicas: **"Desvariaciones".** Les precede la precuela **Tisandie, el origen.** Actualmente reedita sus Antologías por género. Y la adaptación de cuentos en cortometrajes. Editor y adaptador de las historias en la novela *La Casona Blanca.*

## Aspectos legales

La edición, formato, corrección, precisión de estilo y adaptación de este libro fue realizado dentro del Proyecto Editorial Sin Límites, auspiciado por la Asociación de Clubes, Sociedades y Comités Democráticos, A. C. Registro ACS080714F6. Permiso SRE 0201264. Expediente 20080201108. Folio 080425021012. CLUNI: acs0807140212-E, Bahía Kino 22-A, Lomas del Porvenir, cuya versión final fue realizada por el Mto. Guillermo Beltrán Villanueva, Editor con Cédula Profesional 5185318 MX y Registro en USA, como Editor Member ID 590629, CREATESPACE y KINDLE, Amazon USA.

La impresión, de pruebas, copias, gastos de presentación, impresión final; su distribución y venta, así como toda obligación fiscal y pagos correspondientes, corre por cuenta de los autores Noemí Hernández López y José Agustín Pérez, a través de sus cuentas personales de Kindle, Amazon USA.

OS

Noemí Hernández López          José Agustín Pérez

Made in the USA
Middletown, DE
28 June 2022